JN254896

自治体の仕事シリーズ

監査委員事務局のシゴト

富士市総務部行政経営課
（前監査委員事務局）
吉野貴雄 著

ぎょうせい

は じ め に

　私は、現在、総務部行政経営課に配属されていますが、その前は監査委員事務局で6年、監査に従事していました。

　監査委員事務局には、自ら希望したこともあり、監査の仕事に対するモチベーションは他の人と比べて高かったように思えます。しかし、希望したわけでもないのに、人事異動の中で監査委員事務局へ配属が決まってしまった人は、期待や不安が入り混じった感じなのではないでしょうか。

　この本は、そのような方々が監査委員事務局に配属することが決まって、これからどのような仕事をするのだろうかという問いに対する羅針盤のような役割を果たすことができればと思って書きました。

　実際に監査委員事務局に携わった経験から申しますと、監査にはさまざまな専門知識が求められ、限りなく自分自身を磨かないと、求められる水準の監査ができないというのが率直な感想です。

　加えて、監査の仕方が自治体によって統一性がないところがあり、監査のあるべき理想の姿に向かって、変革が求められている時期でもあります。

　この本が今後の自治体監査の在り方に少しでも貢献できたら、また、監査委員事務局の中堅、ベテランの皆さんやその逆の監査を受ける立場の皆さんにもお役に立つことが少しでもできたら、こんなに幸せなことはありません。

　また、このような執筆の機会をいただき、この本の作成に多大なご尽力をいただいた㈱ぎょうせいの皆様、一緒に監査の仕事に携わり、貴重な資料を提供していただいた富士市監査委員事務局の皆さんに厚く御礼を申し上げます。

　そして、仕事やそれ以外の活動などで忙しい中、いつも陰で支えて

くれている妻、家族に心から感謝いたします。

　最後に、私が監査委員事務局に異動を希望したのには、母を介護しなければならないということも背景の一つにありました。医師からは、いつ亡くなってもおかしくないと言われましたが、約6年、頑張ってくれました。母と子2人だけでしたので、大変なこともありましたが、親戚や周りの人達にたくさん助けてもらいました。おそらく母を介護する機会がなければ、監査の世界に足を踏み入れることもなかったかもしれません。

　私の論文が掲載された雑誌を微笑みながら見ていた母の姿を思い浮かべながら、この本を母の墓前に報告したいと思います。

　2017年11月

　　　　　　　　　　　　　　　　　　　　　　　　吉野　貴雄

目　次

第4章　事例編

第5章　業務お役立ち情報

第 1 章

監査委員事務局とは
どんなところ?

―役所での位置づけと役割

I 監査の世界へようこそ

1 監査に対するイメージは？

皆さんは、「監査」と聞いて、どのようなイメージを抱きますか？

厳しい、威圧的、煙たい、怖い……など、周りの部署からは嫌がられる仕事で、良いイメージを抱く人はいないかもしれません。

「不正・不祥事の摘発が目的」「重箱の隅をつつく」「細かい」「頭が固い」「孤独」「暗い」…

皆さんの中には、監査委員事務局に配属が決まり、今度は自分が周りから敬遠されるようになるのかもしれないと思い、正直なところ、嫌な気持ちを抱いてしまう人もいるかもしれません。

そもそも、なぜ監査はあまり好まれないのでしょうか？

色々な理由が考えられますが、

「誤りやミスを指摘されること」

これが一番大きいのではないかと思います。

指摘される側からすれば、誤りやミスは、業務上のマイナス要素であり、それを指摘する人を避けようとするのは、心理的に仕方がないことなのかもしれません。

そうなると、監査という仕事は、頑張れば頑張るほど、相手には嫌がられるような仕事に思えてきます。

2　どうして監査は必要なの？

　監査に良いイメージを持つ人はいないかもしれませんが、監査が必要ないかというと、そんなことはありません。

　皆さんは、すべての人が法令や決められたルールに従って、誤りなく、正確に仕事ができると思いますか？

　公務員になる人だから大丈夫！　…とは思いませんよね。

　やはり誰かが、定期的にチェックをする必要があります。

　そういう意味では、監査は嫌がられても、誰かがやらなければならない仕事といえます。

　監査がなくなると、組織全体の機能不全を起こす可能性があることを念頭に置いておくことが重要です。

　これから監査に携わる皆さんには、とても重要な役割を担っていくことを自覚してほしいのです。

　お世話になった元上司、仲の良い先輩や友人などに対して、改善を促すよう、意見することは、本当に言いづらいことです。

　問題を発見しても、嫌われたくないから、指摘することをためらってしまうようなことがあるかもしれません。

　しかし、その言いづらいことを言うことが、結局は組織のためになっていくことになります。

　だから、監査が**形だけの監査にならないように**、十分に注意をしてもらいたいのです。

　監査が甘いことで、住民からの信頼を失墜させるようなことに発展しないように、監査という立場から組織や職員を守ってもらいたいのです。

3 そもそも監査とは何なのか？

　一般的に、監査とは「利害関係者に不利益や損害が被らないように、独立した立場の第三者がその真実性や妥当性を保証し、利害関係者に伝えること」とされています。

　ここで、大事なことは、「第三者」という独立した立場の人が、検証・評価して「保証」し、利害関係者に「伝達」するということです。

　この3つの条件が整わなければ、それは監査にはならないということになります。

　自治体に当てはめれば、「住民、企業、団体等（利害関係者）に不利益や損害が被らないように、独立した立場の監査人（第三者）がその真実性や妥当性を検証・評価（保証）し、住民等（利害関係者）に伝えること」と読み替えることができます。

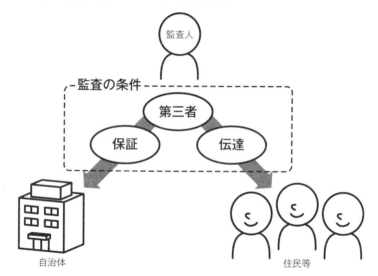

　現在、自治体の監査は、地方自治法で定められ、大きく分けると「**監査委員監査**」と「**外部監査**」の2つに分けられます。

　外部監査については、都道府県、政令指定都市、中核市などの法律で義務づけられた一部の自治体でしか行われていません。

　それに対して、監査委員監査はすべての自治体で行われる監査であるため、読者の皆さんの多くは、監査委員監査の仕事に従事し、監査委員と呼ばれる人を補助する役割を担います。

　具体的には、監査委員が監査を実施する前に書類等をチェックしたり、必要に応じて施設や工事現場等に出向いて確認したりして（これを「事前監査」と言います。）、監査委員に報告を行います。

　また、住民から監査委員に対して、違法または不当な公金の支出等の監査請求があった場合に、法律で定められた期間内に関係書類等を集め、監査委員が審査できるようにするための補助等も行ったりします。

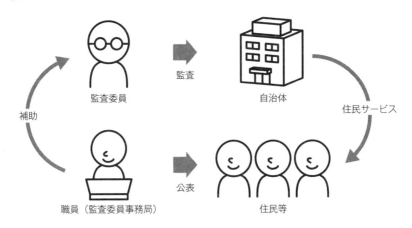

4　監査委員とは

　監査委員とは、教育委員会や選挙管理委員会等と同じように、地方自治法で定められる執行機関の一つになります（地方自治法第180条の５）。

○監査委員にはどんな人がなるのか？

　監査委員は、「識見を有する者」と「議員のうちから選任された者」で構成され、監査委員を選任するに当たっては、議会の同意が必要となってきます。

　ここで、「識見を有する者」とは何かと言うと、人格が高潔で、自治体の財務管理、事業の経営管理、その他行政運営に関して優れた専門性を有する者を指します。具体的には、弁護士、公認会計士、税理士、大学教授、元自治体職員（元総務部長、元財政部長等）などが多く選任されています。

　また、条例で定めれば、議員から監査委員を選任しないこともできます。(1)

○監査委員は必ず置かなければならないのか？

　監査委員は、監査機能を充実・強化し、自治体の公正と能率を確保するため、昭和38年から必ず置かなければならない「必置制」となっています。また、それぞれの監査委員が独立して職権を行使する「独任制」の機関でもあります。

　したがって、監査委員が監査の結果に関する報告または監査の結果に基づく意見を決定するときは、「合議」によるものとされています。つまり、監査委員の誰かが反対し、意見が整わない場合は、監査結果

（１）平成29年の地方自治法の改正により、議選監査委員の義務づけが緩和される。

の報告等は決定し得ないこととなってしまいます。

○監査委員は何人いるのか？

　監査委員を何人置かなければならないかというと、地方自治法では表1-1のように定めています。自治体の規模によって、定数はそれぞれ異なりますが、条例で定めれば、人口25万人未満の市でも監査委員の定数を3人にするなど、増加させることもできます。

表1-1　監査委員の定数

区分	監査委員の定数
都道府県	4人 （議員については2人または1人）
政令で定める市 （人口25万人以上）	
その他の市	2人 （議員については1人）
町村	

○監査委員は兼任が禁止されているのか？

　地方自治法では、監査委員が兼任を禁止されている職業が定められています。例えば、自治体の常勤職員、短時間勤務職員、国会議員、検察官、警察官、収税官、公安委員会の委員等との兼任を禁じられています。

　また、これ以外にも自治体と請負関係にある者も、監査委員との兼任を認められていません。

○監査委員の任期はどのくらいなのか？

　監査委員の任期は、識見委員が4年、議選委員が議員の任期期間とされています。自治体によっては、議選委員を2年にするなど、独自の申し合わせになっているケースもあります。

　また、後任者が選任されるまでの間は、その職務を継続することを

妨げないとされています。

○すべての監査委員が非常勤であるのか?

　監査委員は、原則として「非常勤」となっていますが、識見を有する者の中から選任される監査委員を「常勤」とすることができます。

　例えば、都道府県と人口25万人以上の市では、少なくとも１人以上を常勤としなければならないことが、地方自治法で定められています。ただし、自治体の中には、監査の充実・強化を図るため、人口が25万人未満でも常勤の監査委員を置いているところはあります。

○代表監査委員は、他の監査委員と何が違うのか?

　地方自治法では、識見を有する監査委員の中から代表監査委員を１人選ばなければならないことが定められています。議員のうちから選任された監査委員は、代表監査委員になることはできません。

　代表監査委員は、他の監査委員とは違い、監査委員に関する庶務や訴訟に関する事務を処理します。もしも、代表監査委員に事故があったりして欠けてしまうときは、代表監査委員の指定する他の監査委員がその職務を代理することになります。

○監査委員が罷免されることはあるのか?

　自治体の長は、監査業務を遂行するのが相応しくないと認めたとき、議会の同意を得れば、監査委員を罷免することができます。

　例えば、監査委員が心身の故障で、業務の遂行が難しいと判断したときや、職務上の義務違反など、監査委員として適さない非行があると認められたときです。議会も同意するに当たっては、公聴会を開催して意見を聴かなければならないとされています。

　また、監査委員が退職をしようとするときは、自治体の長の承認を

得なければならないとして、長の承認手続が義務づけられています。

5　監査委員事務局とは

　監査委員事務局とは、**監査委員を補助するために設置された組織で**す。監査委員の手足となり、時には監査委員の知恵袋として、日々、資料の収集、分析等を行う大事な責務を担っています。

　都道府県の場合は、監査委員事務局を必ず設置することになっていますが、市町村の場合は、条例で定めることができるという任意規定となっていて、必ずしも設置することは求められていません。

　したがって、規模の小さな町村などでは、監査委員事務局を設置していないところもあります（町村については、平成９年の地方自治法改正で監査委員事務局を設置することができるようになりました。）。

　監査委員事務局には、事務局長、書記その他の職員が置かれることになっていますが、監査委員事務局を設置していない市町村においても、監査委員の事務を補助させるため、書記やその他の職員を置くことになっています。

　ここでいう書記とは、平成18年の地方自治法改正以前の「吏員（常勤の公務員）」に相当し、その他の職員とは「嘱託等」に相当します。

　そして、**監査委員事務局の職員定数は、条例で定められる**ことができるとされており、自治体によって、その数は異なります。

　例えば、政令指定都市の横浜市では、局長以下、総勢41人の体制（平成26年４月時点）になっていますが、一般の市レベルになると、人

口規模で大きく異なり、10人を超える体制の自治体もあれば、2～3人体制の自治体も見られます。

　また、監査委員事務局に専任の職員を置かず、他の組織（議会事務局など）との兼任という自治体もあり、監査委員を補助する体制が十分に整っていないという課題もあります。

　そこで、平成23年の地方自治法の改正では、監査機能の充実強化という見地から、監査委員事務局の共同設置が可能となっています。[3]

〈事例〉監査委員事務局の共同設置

　岡山県の備前市・瀬戸内市では、平成28年4月1日に「備前市瀬戸内市監査委員事務局」を設置し、監査委員に関する事務を共同で行っています。

　平成28年4月1日時点で、備前市3人、瀬戸内市2人（うち事務局長1人）の職員で構成されています。

　小規模な自治体では監査委員事務局の職員数が限られ、人材育成も難しいといった課題があります。

　監査委員事務局を共同設置することで、監査体制の強化、独立性が高まり、組織的な監査を行うことをねらいとしています。

6　自治体監査の歴史はどうなっているのか？

　現在の監査委員による監査制度は、地方自治法が制定された昭和22年に創設されたものです。その前までは、現在のように自治体の長から独立した権限を有しておらず、自治体の長の補助機関という位置づけでした。

　その後、表1-2のように、住民監査請求や外部監査の制度が創設されるなど、多くの改正が行われ、現在に至っています。

（2）横浜市ＨＰ「監査事務局の体制」参照、http://www.city.yokohama.lg.jp/kansa/jimu/
（3）岡山県瀬戸内市ＨＰ「監査委員事務局の共同設置」参照、http://www.city.setouchi.lg.jp/kurashi/shisei/kansa/1459317395548.html

表1-2　監査制度の変遷

昭和21年	・「監査委員制度」の創設 　監査内容は、自治体の経営に係る事業管理、出納その他の事務の執行の監査、例月及び臨時の出納検査、決算審査が含まれる。 　監査委員は、職務上、独立した権限を有していたが、身分的には首長の指揮監督に服し、監査の結果についても首長及び議会に報告するのみで、住民への公表は首長が行うことになっていた。
昭和22年	・地方自治法の制定、独任制の「監査委員制度」創設　←非常勤制としてスタート
昭和23年	・「住民監査請求制度」の創設（納税者訴訟制度の採用により、職員の違法又は不当行為の矯正措置の請求における監査の権限が追加される。）
昭和25年	・「財政援助を与えているものの出納その他の事務の執行の監査」が追加
昭和27年	・監査を実施するに当たっては、地方自治法第2条第14項及び第15項の規定の趣旨（事務の能率化、組織運営の合理化）に則ってなされることに改正。また、監査報告に添えてその意見を提出することが可能となる。 ・地方公営企業法の制定により、公営企業の決算も審査の対象となる。
昭和31年	・関係人に対する調査権限の付与
昭和38年	・市町村における監査委員の必置（従来は都道府県のみ必置。市町村は任意） ・代表監査委員制度の新設 ・監査委員の定数（都道府県・25万人以上の市は4人。その他の市は条例により3人または2人。町村は条例により2人または1人） ・事務局の法制化 ・補助職員の必置 ・指定金融機関の公金の収納支払事務についての監査 ・臨時出納検査の廃止 ・基金運用状況の審査
平成3年	・行政監査の創設 ・「公正不偏の原則」規定の追加（法198の3①） ・監査委員（識見）の選任要件（法196②）
平成9年	・町村の監査機能強化（監査委員事務局の設置、定数2人） ・自治体OBの監査委員就任の制限（1人を上限とする。） ・監査結果の公表の義務付け ・「外部監査制度」の創設
平成11年	・機関委任事務の廃止により監査対象の拡大 （自治体の仕事の7割～8割を占めた戸籍住民基本台帳、生活保護等の機関委任事務は、監査の実施が不可であった。）
平成18年	・監査委員定数の増加の自由化（条例で変更可能となる。）
平成20年	・財政健全化法の制定により健全化判断比率、資金不足比率の審査の義務づけ
平成23年	・監査委員事務局の共同設置
平成29年	・各自治体で監査基準を定め、公表の義務づけ ・勧告制度の創設 ・監査専門委員の創設 ・内部統制評価報告書の審査の義務づけ（都道府県、政令指定都市のみ） ・議選監査委員の義務づけの緩和 ・条例により包括外部監査を実施する自治体の実施頻度の緩和

（昭和38年欄の注釈）抜き打ちの出納検査。実施する際には議員の立会が条件になっていたが、一部の不心得議員が被検査側に情報を漏らしたりしたため、実効性があがらないという全国都市監査委員会等からの意見具申により廃止となる。

（平成3年欄の注釈）監査委員の独立性強化のため

（平成9年欄の注釈）「馴れ合い監査」という一部のマスコミ批判あり

（平成9年欄の注釈）「官官接待」や「から出張」などの公費の不正・不当支出の問題あり

7 監査にはどんな種類があるのか？

監査委員監査は、大きく分けて、「**定期的に行う監査**」と「**必要があると認められるときに行う監査**」に分けられます。

（1）定期的に行う監査

---

①定期監査

財務に関する事務の執行や、経営に係る事業の管理に関し、予算の執行、工事の執行等が適正かつ効率的に行われているかについて、毎年度、少なくとも1回以上期日を定めて監査を行うものです（「財務監査」ともいいます。）。

【根拠法律】地方自治法第199条第4項

【解説】

監査委員が行う監査の中で、最も代表的なものになります。

「財務に関する事務」とは、予算の執行、収入、支出、契約、現金および有価証券の保管、財産管理等の事務を指し、予算編成や予算の議会における審議は含みません。

「経営に係る事業」とは、水道事業や病院事業などの公営企業会計に係る収益性を有する事業をいいます。

また、一部の自治体では、「工事監査」という名称で、定期監査とは別に実施している場合もあります。

これは、自治体が行う道路や施設等の工事が設計、積算、施工等の各段階で経済的に妥当であるか、能率的に行われているかなど、技術面から適正に行われているかを主眼として行う監査です。

自治体の規模によって、監査委員事務局に技術職員が配属されていないこともあり、専門団体に外部委託することで、技術的な面からの監査を補っている自治体もあります。

②決算審査

　毎年度、自治体の長から審査に付された決算書およびその他の関係書類の計数を確認し、予算の執行と会計処理が適正で効率的に行われているかを審査するものです。

【根拠法律】地方自治法第233条、地方公営企業法第30条

【解説】

　決算審査に当たっては、計数の正否、収入支出の合法性等を審査すればよいという考え方がある一方で、事務事業の効率性や成果まで踏み込んだ審査を行うべきであるという考え方もあり、自治体によって決算審査の位置づけは異なるというのが現状です。

　その背景には、事務局の職員数が少なく、効率性や有効性などの審査を実施できるだけの体制が整っていないということがあります。

　そのため、定期監査を期中時の決算審査と位置づけ、定期監査の結果を参考にした効率的な決算審査に努めている自治体もあります。

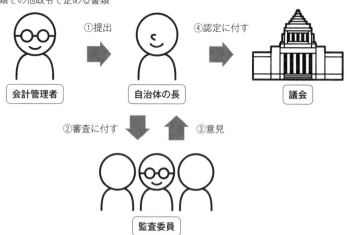

③現金出納検査

　毎月、例日を定めて、自治体の現金の出納、保管状況を検査するものです。

【根拠法律】地方自治法第235条の２第１項

【解説】

　毎月の事務処理が適法かつ正確に行われているかを検査するため、決算審査の月ごとの審査として位置づけている自治体もあります。

　具体的には、各種の資料を通して、計数確認を行うとともに、現金、預金、一時借入金等の管理状況の適否等を検査したり、現金残高、預金残高を確認したりします。

　検査の結果は、議会や自治体の長に報告されますが、公表は義務づけられていません。

監査、検査、審査の違いは？

　監査、検査、審査という言葉を区別すると、次のようになりますが、実務の上では、等しく「監査」の概念の中で行われています。

　「監査」…執行状況の真実性や妥当性を検証することに重点を置き、
　　　　　　指導・助言の意味が含まれます。

　「検査」…計数の正否を調べることに重点を置き、現状を確認する
　　　　　　意味が含まれます。

　「審査」…計数の正否を確認することに重点を置き、一定の判断を
　　　　　　下す意味が含まれます。

> **④財政健全化法による審査**
>
> 　毎年度、自治体の長から審査に付された健全化判断比率等（実質赤字比率、連結実質赤字比率、実質公債費比率、将来負担比率、資金不足比率）およびその算定の基礎となる事項を記載した書類の計数を確認し、予算の執行と会計処理が適正で効率的に行われているかを審査するものです。
>
> 【関係法律】地方公共団体の財政の健全化に関する法律第3条第1項、
> 　　　　　　第22条第1項

【解説】

　地方公共団体の財政の健全化に関する法律（以下「財政健全化法」という。）では、健全化判断比率が早期健全化基準以上となった場合には、財政健全化団体に該当し、自主的な改善努力による財政健全化を図ることになります。

　また、健全化判断比率が財政再生基準以上となった場合は、財政再生団体に該当し、国等の関与による確実な再生を図ることになります。

　したがって、各比率が早期健全化基準や財政再生基準以上になっていないかを確認することは、とても重要な役割を持ちます。

　また、公営企業の資金不足比率が経営健全化基準以上である場合は、経営健全化計画を策定しなければなりません。

表1-3　早期健全化・再生の必要性を判断するための基準

	早期健全化基準	財政再生基準	経営健全化基準
実質赤字比率	11.25～15%	20%	—
連結実質赤字比率	16.25～20%	30%	—
実質公債費比率	25%	35%	—
将来負担比率	350%	—	—
資金不足比率	—	—	20%

【参考】健全化判断比率の概要（総務省HPより）

健全化判断比率等の対象について

（旧制度）　　　　　　　　　　　　（地方公共団体財政健全化法）

実質赤字比率／連結実質赤字比率／実質公債費比率／将来負担比率／資金不足比率

※公営企業会計ごとに算定

一部事務組合・広域連合

地方公社・第三セクター等

※公営企業会計ごとに算定

●実質赤字比率

　地方公共団体の最も主要な会計である「一般会計」等に生じている赤字の大きさを、その地方公共団体の財政規模に対する割合で表したものです。

$$実質赤字比率＝\frac{一般会計等の実質赤字額}{標準財政規模}$$

・一般会計等の実質赤字額：一般会計及び特別会計のうち普通会計に相当
　　　　　　　　　　　　　する会計における実質赤字の額
・実質赤字の額＝繰上充用額＋（支払繰延額＋事業繰越額）

●連結実質赤字比率

　公立病院や下水道など公営企業を含む「地方公共団体の全会計」に

生じている赤字の大きさを、財政規模に対する割合で表したものです。

$$連結実質赤字比率＝\frac{連結実質赤字額}{標準財政規模}$$

・連結実質赤字額：イとロの合計額がハとニの合計額を超える場合の当該
　　　　　　　　　超える額

　イ　一般会計及び公営企業（地方公営企業法適用企業・非適用企業）以
　　　外の特別会計のうち、実質赤字を生じた会計の実質赤字の合計額

　ロ　公営企業の特別会計のうち、資金の不足額を生じた会計の資金の不
　　　足額の合計額

　ハ　一般会計及び公営企業以外の特別会計のうち、実質黒字を生じた会
　　　計の実質黒字の合計額

　ニ　公営企業の特別会計のうち、資金の剰余額を生じた会計の資金の剰
　　　余額の合計額

●実質公債費比率

　地方公共団体の借入金（地方債）の返済額（公債費）の大きさを、
その地方公共団体の財政規模に対する割合で表したものです。

$$実質公債費比率（３か年平均）＝\frac{（地方債の元利償還金＋準元利償還金）－（特定財源＋元利償還金・準元利償還金に係る基準財政需要額算入額）}{標準財政規模－（元利償還金・準元利償還金に係る基準財政需要額算入額）}$$

・準元利償還金：次のイからホまでの合計額

　イ　満期一括償還地方債について、償還期間を30年とする元金均等年賦
　　　償還とした場合における１年当たりの元金償還金相当額

　ロ　一般会計等から一般会計等以外の特別会計への繰出金のうち、公営
　　　企業債の償還の財源に充てたと認められるもの

　ハ　組合・地方開発事業団（組合等）への負担金・補助金のうち、組合等
　　　が起こした地方債の償還の財源に充てたと認められるもの

　ニ　債務負担行為に基づく支出のうち公債費に準ずるもの

　ホ　一時借入金の利子

●将来負担比率

　地方公共団体の借入金（地方債）など、現在抱えている負債の大き
さを、その地方公共団体の財政規模に対する割合で表したものです。

$$将来負担比率 = \frac{将来負担額 - (充当可能基金額 + 特定財源見込額 + 地方債現在高等に係る基準財政需要額算入見込額)}{標準財政規模 - (元利償還金・準元利償還金に係る基準財政需要額算入額)}$$

・将来負担額：次のイからチまでの合計額

　イ　一般会計等の当該年度の前年度末における地方債現在高

　ロ　債務負担行為に基づく支出予定額（地方財政法第5条各号の経費に
　　　係るもの）

　ハ　一般会計等以外の会計の地方債の元金償還に充てる一般会計等から
　　　の繰入見込額

　ニ　当該団体が加入する組合等の地方債の元金償還に充てる当該団体か
　　　らの負担等見込額

　ホ　退職手当支給予定額（全職員に対する期末要支給額）のうち、一般
　　　会計等の負担見込額

　ヘ　地方公共団体が設立した一定の法人の負債の額、その者のために債
　　　務を負担している場合の当該債務の額のうち、当該法人等の財務・
　　　経営状況を勘案した一般会計等の負担見込額

　ト　連結実質赤字額

　チ　組合等の連結実質赤字額相当額のうち一般会計等の負担見込額

・充当可能基金額：イからへまでの償還額等に充てることができる地方自
　　　　　　　　　治法第241条の基金

●資金不足比率

　資金不足比率は、公立病院や下水道などの公営企業の資金不足を、公営企業の事業規模である料金収入の規模と比較して指標化し、経営状態の悪化の度合いを示すものです。

$$資金不足比率＝\frac{資金の不足額}{事業の規模}$$

・資金の不足額：

　資金の不足額（法適用企業）＝（流動負債＋建設改良費等以外の経費の財源に充てるために起こした地方債の現在高－流動資産）－解消可能資金不足額

　資金の不足額（法非適用企業）＝（繰上充用額＋支払繰延額・事業繰越額＋建設改良費等以外の経費の財源に充てるために起こした地方債現在高）－解消可能資金不足額

　※解消可能資金不足額：

　　　事業の性質上、事業開始後一定期間に構造的に資金の不足額が生じる等の事情がある場合において、資金の不足額から控除する一定の額。

　　※宅地造成事業を行う公営企業については、土地の評価に係る流動資産の算定等に関する特例がある。

・事業の規模：事業の規模（法適用企業）＝営業収益の額－受託工事収益の額

　　　　　　　事業の規模（法非適用企業）＝営業収益に相当する収入の額－受託工事収益に相当する収入の額

　※　指定管理者制度（利用料金制）を導入している公営企業については、営業収益の額に関する特例がある。

　※　宅地造成事業のみを行う公営企業の事業の規模については、「事業経営のための財源規模」（調達した資金規模）を示す資本及び負債の合計額とする。

⑤内部統制評価報告書の審査

　毎年度、自治体の長から審査に付された内部統制の評価報告書が適切かつ問題がないかを審査するものです。

【根拠法律】地方自治法第150条第5項

【解説】

　平成29年の地方自治法の改正により、都道府県知事および政令指定都市の長は、内部統制に関する方針を定めるとともに、必要な体制を整備し、毎年度少なくとも1回以上、内部統制について評価した報告書を作成することになりました（その他の市町村は努力義務）。

　都道府県知事および政令指定都市の長は、その評価報告書を議会に提出しなければならず、監査委員は、事務上のリスクをコントロールする内部統制の機能や体制がしっかり確保・整備されているかを審査し、意見を付すことになります。

⑥基金運用状況審査

　基金の運用状況を検証するとともに、基金の運用が、適正かつ効率的に行われているかを審査するものです。

【根拠法律】地方自治法第241条第5項

【解説】

　自治体で特定の目的のために基金を設けたときは、毎年度、その運用状況を示す書類を作成して、監査委員の審査に付し、その意見を付けて、決算書類とあわせて議会に提出することが定められています。

　これを「基金の運用状況の審査」と呼びますが、基金の運用状況を示す様式は、特段、定められていません。したがって、例月出納検査の資料を利用したりして、基金額が適切なものであるか、違法・不当

な運用がないかなど、適正な手続が行われているかという主眼で審査することが大切です。

（2）必要があると認められたときに行う監査

> ### ①行政監査
>
> 　定期監査などの財務以外の行政事務全般について監査を行うものです。
>
> 【根拠法律】地方自治法第199条第2項

【解説】

　留意する点として、地方自治法第2条第14項の趣旨に則っているかどうかを考慮することが強く求められます。つまり、「最少の経費で最大の効果を上げているか」を検証しなければいけないということです。この言葉は、Value For Money（VFM）と置き換えられたりします。

　監査委員が必要と認めるときに行う監査ということで、法的に実施しなければならないということではないため、監査委員の裁量に任されているところがあります。

　実施するかどうかの基準は、特段定められておらず、実施しなくても特に問題はありません。加えて、その手法も明確に定められていません。

　そのため、定期監査の中であわせて行うスタイル、定期監査とは別に単独で行うスタイルなど、自治体によってさまざまというのが実態です。

---

②随時監査（財務監査）

　監査委員が必要であると認めたとき、実施する監査をいいます。

【根拠法律】地方自治法第199条第5項

【解説】

　定期監査が毎年度少なくとも1回以上期日を定めて監査しなければならないのに対して、監査委員が必要であると判断すれば、いつでも「財務に関する事務の執行」や「経営に係る事業の管理」について監査をすることができるというものです。

---

③財政援助団体等監査

　監査委員が必要と認めるとき、または自治体の長から要求があるとき、自治体が財政援助を与えている団体、出資団体、借入保証団体、信託の受託者、公の施設の管理者（指定管理者）に対して監査を行うものです。

【根拠法律】地方自治法第199条第7項

【解説】

　ここでいう「財政援助」とは、補助金、交付金、負担金、貸付金、損失補償、利子補給等の財政的援助を与えているものをいいます。

　「出資団体」とは、当該自治体が資本金、基本金その他これらに準ずるものの4分の1以上を出資している団体をいいます。

　「借入保証団体」とは、自治体が借入金の元金または利子の支払を保証しているものをいいます。

　「信託の受託者」とは、自治体が受益権を有する不動産の信託の受託者をいいます。

> **④指定金融機関等における公金の収納等の監査**
>
> 　監査委員が必要であると認めるとき、または自治体の長や管理者（公営企業）から要求があるとき、指定金融機関、指定代理金融機関、収納代理金融機関、収納事務取扱金融機関が取り扱う公金の収納または支払の事務について監査ができるというものです。
>
> **【根拠法律】**地方自治法第235条の２第２項、地方公営企業法第27条
> 　　　　　　の２第１項

【解説】

　通常は、会計管理者または管理者が金融機関の公金の収納・支払事務を検査しなければならないため、監査の要求があったときを除いて、直接、監査をすることはめったにありません。

> **⑤要求監査**
>
> 　住民や議会、自治体の長から監査の要求があったときに監査を行うものです。

【解説】

　この監査は、住民、議会、自治体の長（管理者）が各々の持つ権利を活用して、監査委員に対して監査を要求するという点で、他の監査等と比較して性質の少し異なる独自のしくみと言えます。

　具体的には、次の表１-４のように分類され、監査の要求があれば、監査をしなければなりません。

表1-4　要求監査の種類

区分	内容	根拠法律
住民監査請求に基づく監査	住民が自治体の執行機関またはその職員について、違法または不当な公金の支出や財産の取得、管理、処分などの事実がある場合、必要な措置を講じるように監査委員に監査を求めること。	地方自治法第242条第1項
住民の直接請求に基づく監査	選挙権を有する者が、その総数の50分の1以上の連署をもってその自治体の事務の執行について、監査委員に監査を請求すること。住民監査請求が自治体の機関、職員の具体的違法、不当な財務会計上の行為等の防止、是正を求めるものであるのに対して、本監査は、自治体の事務の執行について監査委員の監査を求め、監査結果を公表することによって問題の所在、その適否を明確ならしめる点で目的が異なります。	地方自治法第75条第1項
議会からの請求に基づく監査	議会が自治体の事務の執行について監査委員に監査を求めること。	地方自治法第98条第2項
自治体の長（管理者）の要求に基づく公金の収納・支払に関する監査	自治体の長が自治体の事務の執行について監査委員に監査を求めること。	地方自治法第199条第6項
自治体の長（管理者）の要求に基づく職員の賠償責任に関する監査	出納職員等が保管する現金や物品等を故意または重大な過失により、自治体に損害を与えたときに監査委員に監査を求めること。	地方自治法第243条の2第3項

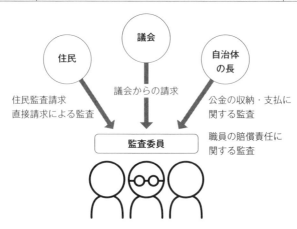

（3）外部監査

　また、監査委員による監査以外に外部監査という制度があります。

---

①包括外部監査

　自治体の財務事務や財政援助等を行っているものについて、外部監査人が監査テーマを決めて監査を行うものです。

【根拠法律】地方自治法第252条の37

②個別外部監査

　住民監査請求等の請求において、監査委員による監査に代えて、外部監査人による監査を求めることができるものをいいます。

【根拠法律】地方自治法第252条の39、第252条の40、第252条の41、

　　　　　　第252条の42、第252条の43

8　監査にはこんな役割があったのか!?

　監査委員は、地方自治法によれば、自治体の財務事務や経営に係る事業の管理、行政事務全般について、**適法性や能率性の観点から監査を行うこと**が求められています。

　しかし、監査委員事務局の職員からすれば、身内を相手にするという点で、とてもやりづらいところがあると思います。

　例えば、少しでも厳しく指導するようなことがあれば、「あいつは何様？」という印象を与えてしまったり、かつてお世話になった先輩や上司に遠慮してしまったりするようなことが考えられます。

　監査は、良いと思って頑張っても、相手には嫌われてしまったりするところがあります。

　そもそも監査の目的とは、何なのでしょう？

　不正の摘発が目的なのでしょうか。

答えは、「Ｎｏ」です。

ここでは、監査の仕事に初めて携わるようになった方々が、監査にはこんな役割があったのかという、新たな見方やあまり知られていない役割を紹介していきます。

お手柔らかに頼むよ！

かつての上司

○不正の摘発が目的ではない

まず１点目は、「不正の摘発が目的ではない」ということです。

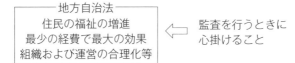

──地方自治法──
住民の福祉の増進
最少の経費で最大の効果
組織および運営の合理化等
⟵ 監査を行うときに心掛けること

不正の摘発を目的にして監査を行っていては、監査の相手に必ずといっていい程、嫌がられます。やはり相手も人間です。正しいから指摘して当然だという姿勢では、上から目線の感じに捉えられ、心理的に反感を買ってしまうことも考えられます。

正直なところ、相手に嫌がられる中で、監査をするというのは非常にやりづらいことです。

それならば、監査の過程で不適切な事務処理を発見することはあっても、それを目的に監査することはやめようということです。

どこかに問題がないかという「問題探し」ではなく、**どうしてそのような問題が発生してしまったのかという「原因探し」を行うことが**大切です。

監査される相手から逆に、どうしたらよいかと相談されるような存在を目指したいものです。

○業務に潜在するリスクを探す

2点目は、「業務に潜在するリスクを探す」ということです。

前任者から引き継いできた業務の中には、もしかすると間違ったやり方や、非効率な方法で行われているものがあるかもしれません。

故意に不適切な予算執行をすることは弁解の余地がありませんが、間違いであることに気づかない、あるいは知らなかったというケースはあると思います。

そこを事前の監査チェックでリスクを防止するということです。

それを役所全体から見渡して、おかしいと思ったことは伝え、「そうなんだ」と気づかせてあげることが大切です。

○コンサルティング的な機能を持つ

3点目は「コンサルティング的な機能を持つ」ということです。

「自分にはコンサルティングなんてできない」という人も多いのではないかと思います。

監査はコンサルティング的な機能を持っているという説明をする前に、監査には、**「内部監査」**と**「外部監査」**という区分があることから説明します。

監査委員の監査が内部監査と外部監査のどちらになるのかは、識者によっても見解が分かれるところですが、監査委員事務局の定数や人事を決める権限が自治体の長にあることや、外部監査制度に対して監査委員監査を自治体の組織内での監査と位置づけていることから、監査委員監査は「内部監査」に位置づけられる方が圧倒的です。

ところが、内部監査という言葉は、地方自治法で定義されているわ

けではなく、具体的な定義や役割が示されているものがありません。

　そのような中、民間部門まで視野を広げると、内部監査の国際的機関であるIIA（The Institute of Internal Auditors）が発効する「内部監査の専門職的実施の国際フレームワーク（The International Professional Practices Framework)」で、その定義を見つけることができます。

　原文が英語であるため、日本語訳にすると意味がわかりづらいところがありますが、具体的に内部監査を「組織体の運営に関し価値を付加し、また改善のために行われる、独立にして、客観的なアシュアランスおよびコンサルティング活動」と定義しています。

　ここで注目すべき点は、内部監査には、２つの機能があると説明している点です。

　１つは、法令や基準等に則って適正に行われているかを保証する「アシュアランス機能」、もう１つは、組織の運営に関し改善を助言する「コンサルティング機能」です。

　現在の自治体監査が保証的な機能を果たしているかという議論はありますが、少なくともコンサルティング機能が発揮されれば、業務の改善に役立てられることが期待されます。

　監査が嫌がられる理由として、「誤りやミスを指摘される」ということを前述しましたが、これは見方を変えれば、適正かつ正確（清廉潔白）であることに自信がないことの裏返しでもあり、誤りやミスへの不安・心配の表れなのかもしれません。

　したがって、そのような不安を取り除くためにも、改善のための助言、コンサルティング的な監査を心掛けることは大事なことでもあります。

9 自分のまちの監査を確認してみよう！

　まず始めに、監査委員事務局に配属されたら、自分のまちはどのように監査等を行っているかを「**地方自治法**」と「**例規集**」を見ながら確認することが大切です。

☑ 監査に関係する条例や規則等はどうなっていますか？

　自分のまちの例規集をみると、監査に関する条例や規程などがどう整備されているのかがわかります。

　まず始めに、どのような例規があるかを確認しましょう。

（例）

　　○○市監査委員条例

　　○○市監査委員事務局処務規程

　　○○市監査基準

　　………

☑ 監査委員の数は何人になっていますか？

　地方自治法第195条第2項に監査委員の定数を規定していますが、実際に、自分のまちの監査委員の数が何人であるかは、監査委員に関する「条例」で確かめることができます。

　例規集で確認しておきましょう。

（監査委員の定数）

第○条　法第195条第２項の規定による監査委員の定数は、３人とする。

（注）地方自治法で定められている数と同一の場合は、条例で監査委員の定数を明記していない場合があります。

地方自治法

（設置及び定数）

第195条　普通地方公共団体に監査委員を置く。

２　監査委員の定数は、都道府県及び政令で定める市にあつては４人とし、その他の市及び町村にあつては２人とする。ただし、条例でその定数を増加することができる。

☑ 地方自治法には載っていないものがありませんか？

　地方自治法等で定められている事項の他に、条例で定められているものがあります。どんな規定があるかを確認しておきましょう。

〈例〉

【議員選任の数】

（議員選任の監査委員の定数）

第○条　議員のうちから選任する監査委員の数は、２人とする。

〈例〉

【監査期日の決定】

（定期監査）

第○条　法第199条第４項の規定により行う監査は、監査の期日前<u>10日</u>までにその旨を議会、市長及び監査の対象となる関係機関の長に通知しなければならない。

（随時監査）

第○条　法第199条第５項の規定により、臨時に随時監査を行うときは、監査の<u>期日前５日</u>までにその旨を市長及び監査の対象となる関係機関の長に通知しなければならない。ただし、緊急に監査の必要があると認めるときはこの限りでない。

（財政援助団体等の監査）

第○条　法第199条第７項の規定により、監査を行うときは、監査の<u>期日前７日</u>までにその旨を市長及び関係者に通知しなければならない。ただし、緊急に監査の必要があると認めるときはこの限りでない。

（関係人の出頭調査等）

第○条　法第199条第８項の規定により関係人に出頭を求め若しくは関係人について調査し、又は関係人に対し帳簿、書類その他の記録の提出を求めるときは、当該<u>期日前７日</u>までにその旨を市長及び関係人に通知しなければならない。ただし、緊急を要する場合はこの限りでない。

（例月出納検査）

第○条　法第235条の２第１項の規定による出納の定例検査は、<u>毎月22日から３日以内</u>に行う。ただし、休日その他やむを得ない理由があるときは、これを変更することができる。

 シゴトの流れ

1 監査委員事務局の１年はどうなっているの？

　監査委員事務局の１年間の標準的な流れを示したものが次の図１-１です。

　監査委員事務局の１年は、自治体によって異なります。

　それは、監査委員事務局の構成員が10人以上という自治体もあれば、１〜２人という自治体もあるなど、監査委員事務局の人数に大きな差があることが挙げられます。

　その他にも、監査委員事務局の職員が「専任」の職員ではなく、他の部署との「兼任」ということも、監査の年間スケジュールが自治体によって異なる要因になっています。

図１-１　監査委員事務局の１年の流れ（例）

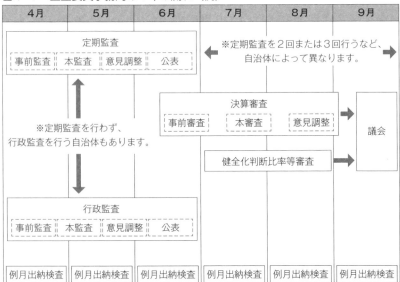

| コラム | 監査のツボ（急所）〜注意すべき７つの病（リスク）①〜 |

①サイレントキラー

　知らぬ間に、取り返しのつかない状態になってしまうこと。

(例)

・担当者が一人で事務を行っているケース（金銭管理、入力ミスなどのリスクも高い）

・補助団体の事務局を担当課が行っており、職員が通帳や印鑑を管理しているケース（つい出来心で、現金に手を付けてしまう）

・工事や委託関係の支払が遅延してしまっているケース

・協定書で、指定管理料の支払期日が明記されているにもかかわらず、その期日どおりに支払われていないケース

・前渡金の戻入が遅れているケース

10月	11月	12月	1月	2月	3月
定期監査			定期監査		
事前監査　本監査　意見調整　公表			事前監査　本監査　意見調整　公表		
	学校監査	公表	工事監査		
			事前監査　本監査　意見調整　公表		
財政援助団体等監査					
事前監査　本監査　意見調整　公表					
行政監査					
調査・分析・事前監査			本監査　意見調整　公表		
					棚卸し
例月出納検査	例月出納検査	例月出納検査	例月出納検査	例月出納検査	例月出納検査

2 主な監査の流れ─定期監査の場合

　図1-2は、定期監査の一般的な流れです。自治体の実情により、流れが異なる場合もありますが、より効率的かつ効果的に実施されることが重要です。

図1-2　定期監査の流れ

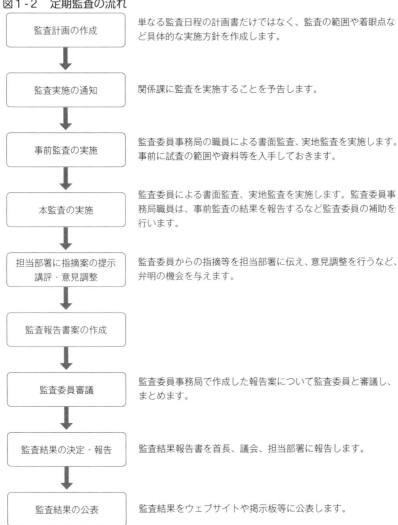

監査計画の作成	単なる監査日程の計画書だけではなく、監査の範囲や着眼点など具体的な実施方針を作成します。
監査実施の通知	関係課に監査を実施することを予告します。
事前監査の実施	監査委員事務局の職員による書面監査、実地監査を実施します。事前に試査の範囲や資料等を入手しておきます。
本監査の実施	監査委員による書面監査、実地監査を実施します。監査委員事務局職員は、事前監査の結果を報告するなど監査委員の補助を行います。
担当部署に指摘案の提示 講評・意見調整	監査委員からの指摘等を担当部署に伝え、意見調整を行うなど、弁明の機会を与えます。
監査報告書案の作成	
監査委員審議	監査委員事務局で作成した報告案について監査委員と審議し、まとめます。
監査結果の決定・報告	監査結果報告書を首長、議会、担当部署に報告します。
監査結果の公表	監査結果をウェブサイトや掲示板等に公表します。

3　主な監査等の流れ─決算審査の場合

　図1-3は、決算審査の一般的な事務の流れです。

図1-3　決算審査の流れ

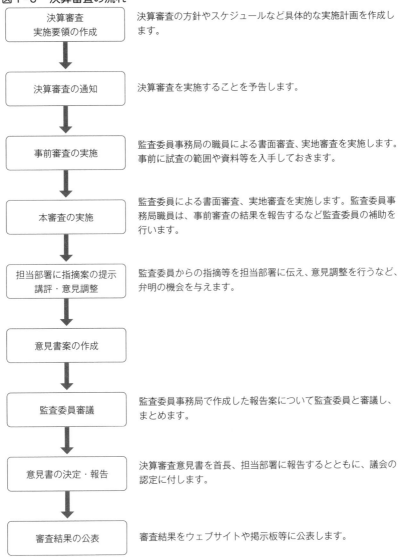

決算審査 実施要領の作成	決算審査の方針やスケジュールなど具体的な実施計画を作成します。
決算審査の通知	決算審査を実施することを予告します。
事前審査の実施	監査委員事務局の職員による書面審査、実地審査を実施します。事前に試査の範囲や資料等を入手しておきます。
本審査の実施	監査委員による書面審査、実地審査を実施します。監査委員事務局職員は、事前審査の結果を報告するなど監査委員の補助を行います。
担当部署に指摘案の提示 講評・意見調整	監査委員からの指摘等を担当部署に伝え、意見調整を行うなど、弁明の機会を与えます。
意見書案の作成	
監査委員審議	監査委員事務局で作成した報告案について監査委員と審議し、まとめます。
意見書の決定・報告	決算審査意見書を首長、担当部署に報告するとともに、議会の認定に付します。
審査結果の公表	審査結果をウェブサイトや掲示板等に公表します。

 監査の手続

1 監査の実施前にすること

（1）監査計画の策定

限られた時間や人数の中で監査等を行うには、**いつ、どこで、どんな監査を行うのか**などをあらかじめ決めておくことが大切です。

そこで、求められてくるのが監査の予定を記した「**監査計画**」です。

監査計画には、その当該年度に実施する予定の監査、決算審査、例月出納検査のほか、その年度の方針、重点監査項目、スケジュール、対象部署等が記載されてきます。

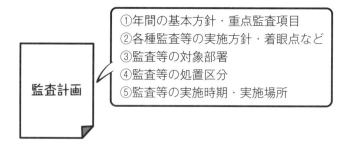

①年間の基本方針・重点監査項目
②各種監査等の実施方針・着眼点など
③監査等の対象部署
④監査等の処置区分
⑤監査等の実施時期・実施場所

監査計画

また、自治体によっては、中長期的な監査等の計画を定めたものとして複数年度（3年～5年）を計画期間とする「中長期監査計画」、年間監査計画をさらに詳細に補足したものとして、監査等の種類別に事前に通知する「監査実施計画」を策定している自治体もあります。

（2）リスク・アプローチ

限られた人数と時間の中で、全ての書類をチェックするのは、とても難しいことです。

　そのため、監査の世界では、対象となっている資料の中から一部を抽出して、その結果から全体の正否または適否を推定する「試査（しさ）」というやり方が一般的となっています。

　例えば、委託料の支出関係書類の中で一定金額以上のものを抽出して監査するとか、無作為に20〜30件を抽出して監査することを言います。

　しかし、やみくもに抽出していては、大きな問題を見落とす可能性があります。

　試査による場合、その範囲をどうするか。どのような条件で抽出するかが大きなポイントになります。

　そこで、リスクに着目して、そこを重点的に監査する「**リスク・アプローチ**」という手法があります。

　リスク・アプローチによる監査は、**限られた時間、人員の中でより効率的かつ効果的に監査を行うもの**です。現代監査の主流とも呼ばれる民間の監査手法になります。

　具体的には、監査等の実施前に、事業上のリスク等を評価し、リスクの高い事務、手続等には重点的かつ慎重に監査を行い、リスクの低い事務、手続等には相応の監査を適用するというものです。

精査と試査

　試査に対して、監査等の対象となっている事項について、全部にわたり精密に監査し、その正否または適否を明らかにすることを「精査」と言います。しかし、限られた人数と時間の中で精査を行うのには限界があるため、監査の手続としては、「試査」が原則となっています。

（3）リスクとは

「リスク」については、災害や事故等のリスクや事務処理の中に潜在するリスクなど、さまざまな定義がありますが、ここでいう「リスク」とは「組織目標の達成を阻害する要因」を言います。

今後は、特に人口の減少により、人手不足が生じることが予想されます。今まで複数の職員で処理していた事務を1人で処理しなければならないケースも生まれるでしょう。そのような場合、仕事量が減らなければ、1人が抱える仕事量は増えるため、ミスや遅れによるリスクは高まります。

そこで具体的にどのようなリスクが考えられるかを表したものが表1-5です。

表1-5　人口減少による影響で想定される主なリスクの例

リスク種類	内容
事務リスク	職員が行う事務処理のミスや遅れなどにより住民に損失を与えるリスク
継承リスク	非正規化、民間委託等が進み、業務ノウハウが継承できなくなるリスク
人事労務リスク	過酷な労働環境により、職員の健康や安全衛生などが害されるリスク
損害リスク	事業の廃止や縮小により、利害関係者に損失を与えるリスク
流動性リスク	予期せぬ支出で必要な資金が確保できなくなり、通常より著しく不利な資金調達が余儀なくされるリスク
品質リスク	事業の廃止、事業費の削減等で行政サービスの水準低下を招くリスク
システムリスク	人手不足を補うために自動化・無人化が普及した結果、情報システムの停止や操作ミス等で損失を被るリスク
監査リスク	監査機能の低下により、誰にも気づかれないまま不正や不適切な処理が繰り返されるリスク

リスク・アプローチによる監査は、この表でいう「監査リスク」に着目した監査になります。

さらに、監査リスクは、固有リスク、統制リスク、発見リスクの3つで構成され、図1-4のように表せます。

図1-4　リスク・アプローチの算式

固有リスク…事業等が本来有する特有のリスク
統制リスク…行政内部のチェック機能によっても、
　　　　　　違法的な行為が防止できない可能性
発見リスク…監査等を実施しても発見されない可能性

　具体的には、固有リスク、統制リスク、発見リスクを数値化し、その掛け算で算出された残存リスクの数字によって、リスク項目の高低度合いを判定し、重点化する監査項目を導きます。

表1-6　残存リスクの算出およびリスク判定のイメージ

リスク種類		固有リスク A	統制リスク B	発見リスク C	残存リスク A×B×C	リスク判定
大項目	小項目					
事務関係	入力ミス	3	2	3	18	低
	行政手続上のミス	3	3	3	27	中
	文書関係の不備	4	3	2	24	中
	事務の効率化	2	1	4	8	低
契約関係	恣意的な分割	5	5	3	75	高
	契約書等の不備	5	3	3	45	中
	不適切な随契理由	4	4	4	64	高
	不適切な契約履行	2	2	3	12	低
	収入印紙の誤り等	3	2	1	6	低

（注）固有リスクを1～5、統制リスクを1～5、発見リスクを1～5の値で仮に記載している。
　　　リスク判定は、20未満を「低」、20～50を「中」、51以上を「高」と仮に設定している。

　ただし、統制リスクの行政内部のチェック機能とは、「内部統制」と呼ばれるもので、都道府県や政令指定都市などの規模の大きな自治体では専門の部署をつくるなど、内部統制の整備が進んでいますが、一般市や町村では、ほとんどの自治体が内部統制を整備しているわけではありません。

　したがって、すべての自治体がリスク・アプローチの手法を活用して監査することは難しい状況です。

（4）リスク・アセスメント分析

　内部統制は、基本的には執行部門（都道府県知事や指定都市の市長）がその担任する事務のチェックを行う機能です。監査に従事する職員が内部統制を行うことは、一般的に好ましくないとされています。[4]その理由は、本来、内部統制が機能しているかをチェックするはずの監査部門が内部統制の仕組みをつくったり、運用したりしていくのは、自らの仕組みを自らがチェックする自己監査に相当してしまうためです。

　そうなると、監査の立場としては、執行部門に内部統制を行ってもらいたいところですが、法律で義務づけられているのが都道府県と指定都市だけですので、その実現には限界があります。

　そこで、内部統制の仕組みがなくても、リスクに着目して行う方法として**リスク・アセスメントを活用したリスク分析**を紹介します。

①年度ごとにリスクの整理

　年度末（3月）にかけて、当該年度の定期監査、決算審査等で改善指導した内容を性質別に分類し、整理します。

（4）島田裕次編著『内部監査人の実務テキスト』（日科技連出版社、23頁）

組織名	指摘事項（指導内容）
○○課	恣意的な分割
○○課	鉛筆書き、支払遅延、…
○○課	なし
…	
○○課	契約書の不備、公印押印漏れ
○○課	支払遅延
○○課	決裁のルートの誤り、恣意的な分割

定期監査報告書 ⇒ 抜粋

性質別に表にまとめる ⇩

組織名	指摘事項（指導内容）					
	恣意的な分割	契約書の不備	収入印紙の不備	不適切な随意理由	支払遅延	文書関係の不備
○○課	消耗品					
○○課						鉛筆書き
○○課	工事請負	割り印なし			請求日から40日後	
…	…	…	…	…	…	…
○○課	工事請負		収入印紙なし			
○○課						
○○課	委託料				請求日から30日後	
件数	23件	17件	11件	1件	3件	8件

②リスクの評価

　一覧表に整理したら、指摘事項に応じてリスクが顕在化する「発生頻度」とリスクが顕在化したときの「影響度」を評価します。

　一例として、それぞれを３区分に分けたものが表1-7になります。

表1-7　発生頻度と影響度の評価（例）

発生頻度の評価	多	定期監査または決算審査のいずれかで、30を超える組織で発生している
	中	定期監査または決算審査のいずれかで、30以下の組織で発生している
	少	ほとんど見られない
影響度の評価	大	役所だけでなく、住民に影響を及ぼす
	中	課内だけでなく、役所全体に影響を及ぼす
	小	課内で影響がおさまる

　そして、その評価結果をリスクの種類に応じて一覧表形式に整理すると、表1-8のようなリスク評価一覧表になります。

表1-8　リスク評価一覧表（例）

リスク種類		監査等の結果		リスク評価	
大項目	小項目	○年定期監査	○年決算審査	発生頻度	影響度
予算関係	会計区分の誤り				
	会計年度の誤り				
	予算編成上の問題				
	予算科目の誤り				
収入関係	不適切な調定手続				
	不適切な徴収手続				
	過大計上				
	過小計上				
支出関係	不適切な予算執行				
	不適切な支給手続				
	過大計上				
	過少計上				
	実績報告等の未確認				
	支払遅延				
事務関係	入力ミス				
	不適切な決裁行為				
	行政手続上のミス				
	起票時期のミス				
	文書関係の不備				
契約関係	恣意的な分割				
	契約書等の不備				
	不適切な随契理由				
	不適切な契約履行				
	収入印紙の誤り等				
資産等の管理	備品の不十分な管理				
	郵券の不十分な管理				
	現金の不十分な管理				
	施設の不十分な管理				
	その他資産の不十分な管理				
その他					

③リスクの見える化

　リスクの評価結果をまとめたら、次のステップとして、リスクマップを作成します。リスクマップとは、リスクの発生頻度を横軸、リスクの影響度を縦軸にプロットして、リスクがどの位置にあるかをわかりやすく可視化したものです。

　発生頻度と影響度をそれぞれ３区分で評価すると、９つのエリアができます。

　一番右上のエリアは、発生頻度、影響度ともに一番多く、最も注意が必要なリスクとして位置づけられ、２番、３番、…と優先順位が決まってきます。

　また、その優先順位は、必ずしもこれが正解というものではなく、発生頻度が「少」、影響度が「大」というリスクも重視するという立場であれば、「３」から「２」に優先順位を変更しても構いません。

図1-5　リスクマップ（例）

影響度	少	中	多
大	3	2	1
中	4	3	2
小	5	4	3

発生頻度

④重点監査項目の設定

　リスクマップの結果から重点化すべき監査項目を選定し、定期監査等を実施します。

　例えば、リスクマップの1番、2番のエリアのリスクを重点監査項目に設定し、そのリスクに着目した監査を実践していきます。

図1-6　重点監査項目を設定した監査調書（例）

○年度　定期監査

　　1　対象所属　　　　○○部○○課
　　2　事前監査日　　　○月△日

◆重点監査項目

	リスク種類	事前監査で発見された指摘内容
1	恣意的な分割	
2	契約書の不備	
3	収入印紙の不備	
4	文書関係の不備	
5	予算科目上の不備	
6	不適切な契約履行	
7	施設の不十分な管理	
8	法令、ルール等に抵触	
9	過大計上（収入）	
10	不適切な随意契約	

◆その他

	リスク種類	事前監査で発見された指摘内容
1		
2		
3		
4		
5		

2　監査の手続には何があるの？

　それでは、実際に監査するときに、どのように監査を進めていけば
よいのでしょうか？

　監査の結果を表明するためには、それを裏付ける証拠を入手する必
要があります。ここでは、どのような手法があるのかを紹介します。

　必要に応じて、取捨選択し、実践してみてください。

照合	実査
関係書類を相互に突き合わせ、その記録または計算の正否を確かめます。	事実の存否について、実地に現物検証、現場検証等によって直接検証します。

立会	確認
物品等の在庫調査や実地棚卸しを行う際に、現場に視察して正否を確かめます。	写真やその他の証拠書類、第三者の証言等を参考に事実の存否を確認します。

質問	比較
事実の存否または課題等を質問して、回答を求めます。	年度別の経年変化や他自治体の比較等を通じて問題点の有無を確かめます。

分析	通査
事実の性質、内容を究明し、異常の有無を確かめます。	関係書類を一通り検討して、異常や例外を発見し、問題点を明らかにします。

3 監査の実施後にすること

　監査委員事務局の職員は事前監査等を実施したら、監査委員にその結果を報告します。

　監査委員は、その結果を踏まえ、監査の相手方に質問や関係書類の閲覧等を実施し、監査の講評を行います。

　講評は、原則として、監査の結果に関する報告を決定する前に行い、監査の相手方に弁明の機会を与える必要があります。

　その後、監査の結果を決定し、報告書にまとめ、自治体の長や議会に提出するとともに、自治体のウェブサイトや掲示板にも公表することになります。

　ただし、公表が求められていないものもあります。例えば、現金出納検査、公金の収納・支払事務の監査です。

　自治体の長が、監査の結果を参考にして措置を講じたとき、監査委員はその措置結果を公表しなければなりません。

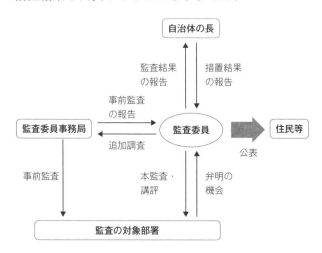

4　住民監査請求があったらどうする？

　住民監査請求は、ある日、突然に求められたりするものです。

　そんなときに慌てずに、処理できるように以下のことをよくチェックしておきましょう。

請求書の収受
- ☑ 収受印が押された日が「請求があった日」になります。
- ☑ 監査の期間は、その翌日から60日以内です。
- ☑ 自治体の長および議会に請求の要旨を通知します。

形式的要件の審査
- ☑ 請求書は定められた様式によって作成されていますか？
- ☑ 氏名は自署されていますか？
- ☑ 事実証明書は添付されていますか？

実質的要件の審査
- ☑ 請求者は住民ですか？（法人、未成年者を含みます。）
- ☑ 執行機関及び職員の指定がありますか？
- ☑ 当該行為のあった日または終わった日から1年以内ですか？
- ☑ 財務会計上の行為ですか？

受理または却下の決定
- ☑ 監査委員の合議によります。

請求人に通知

（1）請求書の収受

　住民監査請求を行う際に、請求書を作成せずに口頭で監査請求をすることは認められていません。法律では文書を作成することになっています。電子メールやFAXによる監査も認められていませんので注意しましょう。

（2）住民監査を請求できる人

　地方自治法では、請求人は「当該地方公共団体の住民」とされています（第242条第1項）。つまり、その区域内に住所を有する者です。しかしながら、住民票を有していても、生活の本拠地が当該市町村の区域内にない場合には、住民監査請求をすることができないという判例があります。

　また、ここでいう「住民」とは、個人のほか、法人も含まれます。法人の場合は、主たる事務所の所在地、本店の所在地になります。

　一方、請求人に代わって任意の代理人が請求できるかどうかについては、委任状があれば請求人本人の意思に基づくものと解され、請求ができるとされています。

（3）形式的な不備がある場合とは

　監査請求書の記載に不備がある場合や事実証明書の添付がない場合などが該当します。事実証明書とは、監査請求の対象となった財務会計行為に該当する具体的事実について、その記載のある公文書の写し

や決算書等の写しなどの書面をいいます。

　また、受付の段階で監査請求書の記載に不備がある場合などは、請求人に対して補正を促しても構いません。

（4）実質的な不備がある場合とは

　請求人は、当該自治体の住民である必要がありますが、監査期間中に当該自治体の住民でなくなった場合は、その時点で要件を満たさなくなり、却下となります。

　監査請求の対象となった財務会計上の行為の翌日から起算して1年を経過している場合も、正当な理由がないかぎり、却下となります。

　また、自治体に違法・不当な財務会計行為による損害発生の可能性をもたらさない行為は住民監査請求の対象にはなりません。

（5）請求人に通知

　直接、請求人に手渡す場合は問題がありませんが、郵送の場合は、相手方の受領を確認することができる書留郵便などで送付するようにしましょう。

Ⅳ 外部監査

1 外部監査が生まれた背景

　外部監査とは、平成９年の地方自治法の改正で創設された制度です。

　自治体の組織に属さない外部の者が契約を締結する監査であり、監査の独立性を強化する目的がありました。

　また、弁護士や公認会計士などの一定の専門性を有する者が外部監査を行うため、専門的な観点からの監査が可能となり、監査の専門性の向上にもつながります。

　そもそも外部監査が生まれた背景としては、監査委員監査は「身内による監査」という感が色濃くあり、公正・中立にチェックするには限界があるという議論があったことが挙げられます。

　加えて、地方分権の進展により、国と自治体の関係を「主従」から「対等・協力」に脱却し、国による関与が縮減することで、自治体の経営能力やチェック機能の充実がより一層求められるようになってきました。

　こうした状況下のなか、平成６年には、全国知事会などの地方６団体が、公正かつ効率的な財政運営を確保するため、監査委員監査に加えて、財務監査についての外部監査制度の導入を提言し、第24次地方制度調査会の「地方分権の推進に関する答申」においても、行政の公正と能率を確保するため、外部監査制度を検討することが必要であるという指摘がされます。

　そして、平成９年の第25次地方制度調査会の答申で、「地方公共団体へ第三者による外部監査制度を導入すべき」という改革案が提示され、地方自治法が改正されました。

2　外部監査の種類

　外部監査には、大きく「包括外部監査」と「個別外部監査」の2つ
があります。

　ここでは、それぞれの目的や違いについて、解説します。

（1）包括外部監査

　包括外部監査とは、毎会計年度に、外部監査人と自治体との間で締
結される包括外部監査契約に基づく監査です。

　包括外部監査契約を締結する場合には、連続して4回、同一の者と
包括外部監査を締結してはいけません。

　都道府県、政令指定都市、中核市は、この監査を受けることが地方
自治法で義務づけられていますが、それ以外の市または町村であって
も条例で定めれば、条例で定める会計年度において外部監査を受ける
ことができます。

　包括外部監査の対象となるものは、財務に関する事務の執行やその
経営する事業の管理であって、包括外部監査人が契約期間内に1回以
上、自らの判断で決定することになっています。

　また、出資団体の事務については、条例で定めれば、包括外部監査
の対象となります。

　包括外部監査人は、契約で定める期間内に監査の結果に関する報告
を決定し、自治体の長や議会、監査委員等に提出しなければならず、
必要と認めたときは、この報告に添えて、自治体の組織および運営の
合理化に資するための意見を提出することもできます。

（2）個別外部監査

　個別外部監査とは、次の請求や要求に関する監査について、監査委
員に代わって個別外部監査によることが適当であるときに、外部監査

人が行う監査のことをいいます。

> ①選挙権を有する者からの事務監査請求
>
> ②議会からの監査の請求
>
> ③首長からの監査の要求
>
> ④首長からの財政援助団体等の監査の要求
>
> ⑤住民からの監査の請求

　個別外部監査を実施するに当たっては、それぞれの請求または要求に応じて、次の内部手続を経た上で、外部監査に付することが決定されたときに、外部監査契約が締結されることになります。

> ①選挙権を有する者からの事務監査請求
>
> 　**⇒監査委員の意見を聴いた上で議会の議決を経る。**
>
> ②議会からの監査の請求
>
> 　**⇒請求をする前に監査委員の意見を聴く。**
>
> ③首長からの監査の要求
>
> 　**⇒監査委員の意見を聴いた上で議会の議決を経る。**
>
> ④首長からの財政援助団体等の監査の要求
>
> 　**⇒監査委員の意見を聴いた上で議会の議決を経る。**
>
> ⑤住民からの監査の請求
>
> 　**⇒監査委員が相当と認められなければならない。**

　また、個別外部監査は、何の事件を対象にするかが請求者の選択に委ねられているのに対して、包括外部監査は、外部監査人が対象となる事件を選択できるという点で異なります。

3　外部監査人の資格ならびに権限と義務

　外部監査人になれる人の資格はどうなっているのでしょうか？

　地方自治法で定められていますが、外部監査人の資格には実質的なものと形式的なものとがあります。

　実質的なものとしては、自治体の財務管理、事業の経営管理その他行政経営に関して優れた識見を有していなければならないとするものです。

　形式的なものとしては、次のいずれかに該当する資格を有していることです。

---

①弁護士

②公認会計士

③国または自治体の実務精通者

④税理士

　一方で、外部監査人になれない人は、次のようなものになります。

---

①成年被後見人または被保佐人

②禁錮以上の受刑者（3年未経過）

③破産者であって復権を得ない者

④懲戒免職被処分者（3年未経過）

⑤弁護士会等の被除名者等（3年未経過）

⑥弁護士等の被業務停止処分者

⑦当該自治体の議員

⑧当該自治体の職員およびOB

⑨当該自治体の長、副市長等と親子、夫婦、兄弟姉妹関係の者

⑩当該自治体に対する請負者等

　外部監査人の権限としては、監査を行う上で必要であると思ったとき、関係人に出頭を求め、その関係人に帳簿や書類などの記録の提出や調査を求めることができます。

　外部監査人は、そのような権限をもつ一方で、善良な管理者の注意による誠実な監査を行う義務を負うとともに、公正不偏の態度を保持し、自らの判断と責任による監査を行わなければなりません。

　外部監査は、都道府県や政令指定都市、中核市という大規模自治体に義務づけられた制度でありますが、監査の組織体制の脆弱さや人材の不足という問題を抱える中小規模の自治体の方が外部監査を活用する意義があるのではないでしょうか。

　適当な人材の確保が難しいという課題はありますが、監査委員監査を補完するものとして、外部監査制度を活用することも検討してみるのもよいと思います。

　また、外部監査人は監査の事務に関して知り得た情報を漏らしてはならず、これに違反したものは、2年以下の懲役または100万円以下の罰金に処されることになっています。

　この守秘義務違反に関する罰則規定は、監査委員にも設けられていないという点で大きな特徴と言えます。

　そして、監査委員との協議の上で自らが選任した外部監査人の補助者についても、同様に守秘義務が課せられています。

4　外部監査人の補助者

　外部監査を導入するとき、外部監査人は1人だけに限るということはありません。地方自治法では、外部監査人の事務を補助する者を認めています。それは、個人で外部監査を実施するよりも、組織的に外部監査を実施した方がより効率的かつ効果的に監査を行うことができることを想定しているからです。

　事務を補助する者は、外部監査人とは異なり、弁護士や公認会計士等の資格を有する必要はありません。

　しかし、あらかじめ監査委員に協議しなければならないことになっており、監査委員に補助者の氏名、住所、履歴、補助させる理由や期間を記載した書面を提出することが定められています。

　また、補助者には人数に関する制限も設けられていません。したがって、監査法人などの公認会計士が監査委員の合意を得て、その事務所のスタッフを補助者にするケースがよく見られます。

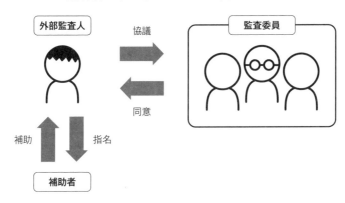

5　外部監査人と監査委員との関係

　監査委員と外部監査人が同一のものを監査するのは合理的であるとは言えないので、外部監査人は監査委員が予定している定期監査の対象となるものを十分に考慮して、重複しないよう調整して決定していくことが大切です。

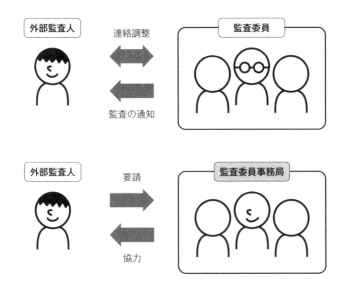

コラム　監査のツボ（急所）〜注意すべき７つの病（リスク）②〜

②事務のガラパゴス化

　決められたルールとは別に、独自の方針で事務処理が行われていること。

(例)

・業務委託関係で、長い間、同一の首長の名前で契約を締結していたケース（双方代理）

・研修会終了後の懇親会に職員が参加する場合、公費で参加料を負担するケース

・講習会、研修会等に参加する場合の資料代、テキスト代としての参加費は、「需用費」で支出するのが妥当であるが、「負担金」で支出しているケース

・「業務の性質上、競争には適さない」や「業務に精通している」という理由で、安易に随意契約にしているケース

第 **2** 章

事務局職員としての
心得とシゴトのコツ

事務局職員に求められる知識と能力

1 監査で求められる知識は多岐にわたる！

　監査委員事務局に配属されて、初めて監査を行うとき、どのような知識やスキルを拠りどころにして監査を実施しますか？

　いわば、あなたが監査をするときの「武器」になるものです。

　多くの人は、今まで「経験した部署の知識」を頼りにして、監査を行うのではないかと思います。

　特に、財政課や会計課のような職場を経験されていると、そこで得た知識が監査の際に活かせるのではないかと考えがちです。

　しかし、監査には、財務事務以外の部分、例えば、行政監査であるなら行政事務全般、地方公営企業会計に係る監査等なら簿記関係、工事監査であるなら土木や建築等の技術関係など、求められる知識はとても幅広くなっています。

　一例ですが、監査では、図2-1のような専門的知識が求められてきます。

　ですが、これだけの広範多岐な知識が求められても、自分には無理であると思ってしまう人もいるかもしれません。

　確かに、その気持ちはわかります。

　でも、少しずつでも知識を増やす努力をしてみることが大切です。

　もし監査人としての力量がなく、誤った処理や問題点を見抜けない「形式的な監査」で留まってしまうならば、住民からの信頼は損なわれてしまいます。

　見方を変えれば、これだけの知識を学べる職場はそんなにはありません。

　一生懸命に取り組んだ成果は、すぐには現れないかもしれませんが、その努力はきっと実を結び、次にどのような部署に配属されても、きっと役に立つと思います。

　一つひとつの積み重ねは、さらに大きく成長した、新たな自分に出逢わせてくれる、そんな風に思えるようにしていきませんか。

図2-1　監査で求められる主な知識（例）

①法令や例規に関する知識
②財政に関する知識
③公会計に関する知識
　（簿記その他公営企業会計に関する知識）
④土木、建築等の技術に関する知識
⑤社会情勢および経済情勢に関する知識
⑥各個別の施策、業務内容に関する知識
⑦事務の流れ、契約手続に関する知識
⑧交渉・折衝に関する知識

今、頑張ることは、『未来の自分への投資』だと思って！

2　監査で磨かれる力がある!?

　監査には、不適切な部分がないことを保証する役割だけでなく、業務改善に役立つような助言を行う役割も含んでいます。

　課題となっている原因を探り当て、今後の方向性の判断材料となる

べきものを監査で提示できれば、より大きな改善効果にもつながります。

　地方分権時代においては、決められた仕事を適切に行うだけでなく、課題を発見し、解決する手段を設計できなければ、魅力ある政策づくりはできません。その点で、最初の「課題設定」が機能しなければ、その後の過程にも大きな影響を与えることになってしまいます。

図2-2　政策過程とマネジメントサイクルの関係

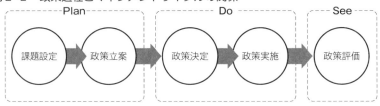

　また、課題と思っていたことが実は本当の課題ではなく、課題から発生した二次的な課題という可能性もあります。あるべき姿と現状との違いを鋭く見抜く力は、とても大切です。

　今は、監査委員事務局に配置されていても、人事異動により他の部署に異動することは十分にあり得ます。

　監査で養われた「課題設定力」を監査部門だけではなく、他の部門でも発揮できれば、政策の課題設定力の向上にもつながります。

Ⅱ　監査の質を保つためには？

　自治体の規模によって、監査委員事務局の職員数が大きく異なる中、監査の質を全国均一のレベルにするのは難しいことです。

　監査委員事務局の職員数が2～3人の自治体では、チーム（組織）として監査を実施するというよりは、個人プレーで監査をするようになってしまい、その個人の力量によって監査の質が変わってしまうリスクが生じてしまいます。

　このように自治体間で監査の質に差が生まれてしまうことは、地方制度調査会等においても議論の俎上に載せられてきた課題であり、全国的に統一された基準の中で監査を行うことが常に求められてきました。

　そのような中、各自治体は、独自に「監査基準」を設けたりして対応してきましたが、平成25年8月、全国都市監査委員会が「都市監査基準」を制定しました。さらには、平成29年の地方自治法改正で、監査基準の策定・公表が義務づけられ、総務大臣から指針および必要な助言が行われることになりましたので、全国的に統一された基準の中で監査を行うという課題は、解決に向けて前進した感があります。

　また、平成29年の地方自治法改正により、監査委員に「監査専門委員」という専門の学識経験を有する者を置くことができるようになりましたので、自治体の実情にあわせて外部の人材を活用していくことは、監査の充実強化という観点からもとても意義のあることだと考えます。

Ⅲ どんな視点で監査すればいいの?

監査基準が策定されても、監査基準はマニュアルの類ではないため、どんなところに着目して監査をすればよいのかは規定されていません。

そこで、代表的な監査の視点を紹介します。

1 合規性・正確性

> **「合規性」とは…**
>
> 　法令や条例等に従って適正に行われているか?
>
> **「正確性」とは…**
>
> 　数字、金額、文言等が正確に示されているか?

長い景気低迷の中、公務員に対する住民の目は、より厳しさを増しています。

このような時代に、自治体の仕事が法令等を守っていない、数字が誤っていたでは済まされないところがあります。

上記の視点で監査を行っていて、もし該当するようなところを発見したときは、以下の点について、指導または助言することが大切です。

☑ **「法令遵守」**の意識を徹底させます。

☑ 今まで普通であると思っていた**暗黙のルールに、実はリスクが潜んでいる**こともあります。また、前任者の事務処理が誤っていることもあります。大きな問題に発展してからでは手遅れになりますので、早い段階で気づいたら、直ちに対応しましょう。

2　経済性・効率性・有効性

> **「経済性」とは…**
>
> 　もっと少ない費用で実施できないか？
>
> **「効率性」とは…**
>
> 　業務プロセスの簡略化や改善により、能率的に処理できる余地はないか？
>
> **「有効性」とは…**
>
> 　実施結果が目的を達成しているか？

　これらの着眼点は、3つの英単語Economy（経済性）、Efficiency（効率性）、Effectiveness（有効性）の頭文字をとり、3Eとも呼ばれ、「Value for Money（VFM）」と同様の言葉として使用されています。

　地方自治法では、第199条で「監査委員は、……第2条第14項及び第15項の規定の趣旨に則ってなされているかどうかに、特に意を用いなければならない。」となっており、その第2条第14項の「**最少の経費で最大の効果を挙げる**」という文言が**経済性・効率性・有効性に相当する**とされています。

　この3つの用語の定義は、特に法律で定められているわけではありません。唯一、知見を得るものがあるとすれば、会計検査院で示される「会計検査の基本方針」になります。

　その基本方針の定義によると、

　経済性は「事務・事業の遂行及び予算の執行がより少ない費用で実施できないか」

　効率性は「同じ費用でより大きな成果が得られないか、あるいは費用との対比で最大限の成果を得ているか」

　有効性は「事務・事業の遂行及び予算の執行の結果が、所期の目的を達成しているか、また、効果を上げているか」

と定められています。

また、行政の執行過程は、「資源の投入（インプット）[1]」「行政活動（プロセス）」「行政サービス（アウトプット）」「効果（アウトカム）」という流れで示すことができ、これをロジック・モデルといいます。これに3E（経済性、効率性、有効性）の観点を照らし合わせると、図2-3のように対応すると考えられます。[2]

図2-3　ロジック・モデルと3Eの関係

（1）経済性

この考え方に従うと、「経済性」は、事業の遂行等の行政活動が最少の資源投入で行われているかどうかに着目することから、次の分数式で表すことができます。[3]

$$経済性＝\frac{行政活動（プロセス）}{資源の投入（インプット）}$$

この数式から、一定の行政活動の下で、資源に対する投入（インプット）量が小さくなれば、分母の値が小さくなり、経済性は高くなる

（1）文献等では、「資源」と「投入（インプット）」に分ける形がよく見られるが、ここでは総称して「資源の投入（インプット）」と表現する。
（2）東信男『会計検査院の検査制度』中央経済社、47頁
（3）市町村のような場合は、国費や県費をいかに調達し、一般財源を最小化するかが求められることから、経済性をインプット÷財源と表すことがある。

ことがわかります。逆に、事務の簡素化で行政活動が減るような場合は、人員などの資源の投入（インプット）量が減少しないかぎり経済性は低くなります。

　また、経済性の観点は、図2-3のロジック・モデルにおける「資源の投入（インプット）」から「行政活動（プロセス）」までの間に焦点を当てたものになります。

　インプットとは、人、モノ、金などの資源を行政活動に投入することです。プロセスとは、行政サービスの提供や公共財を形成するための事務（契約）、支出、収入などの一連の行政活動です。

　それぞれの要素の結合関係から、経済性に関する着眼例を示すと図2-4のようになります。

　経済性の観点は、「もっと少ない費用で実施できないか」という定義以外にも、インプットとプロセスの構成要素の組み合わせからさま

図2-4　経済性を分析する際の着眼点

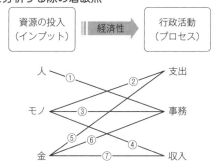

①適正な人数で事務が行われているか。人員が必要以上に過剰になっていないか。
②財産等の取得価格が必要以上に高くないか。
③遊休施設などを利活用しているか。
④財産等の売買価格が安く設定されていないか。
⑤経費削減の余地はないか(一般競争入札、長期継続契約、民間活力等の検討)。
⑥現金、有価証券等の保管や取扱いが適正かつ有利な方法になっているか。
⑦財源の確保または増収できる余地はないか(調達方法、作業実態に応じた精算等の検討)。

ざまな切り口で表すことができます。

（2）効率性

　2つ目の「効率性」は、行政活動を通してより高い行政サービス（アウトプット）が提供されているかどうかに着目することから、次の分数式で表すことができます。[4]

$$効率性 = \frac{行政サービス（アウトプット）}{行政活動（プロセス）}$$

　同様に、この数式から、同一の行政サービスの下では、行政活動（プロセス）が大きいと、分母の値は大きくなり、効率性は下がることがわかります。

　例えば、「申請の受付→審査→補助金額の決定→補助金の交付」という補助金の交付事務であれば、補助金の申請から交付までの流れが複雑になればなるほど、行政活動（プロセス）も増え、効率性は下がることになります。逆に事務の流れが簡略化されると、アウトプットまでのプロセスも減り、効率性は上がることになります。

　しかし、経済性と効率性との間には、トレードオフという、一方を追求すれば他方を犠牲にせざるを得ない二律背反の関係があり、**効率性を重視するあまり、経済性を疎かにしてしまう場合があることに注意**しましょう。

　例えば、入札が必要な契約を随意契約ができる金額にまで意図的に分割してしまうような場合です。事務を執行する者からすれば、入札に係る事務の負担を軽減できる上に、入札に要する時間も短縮するこ

（4）効率性については、アウトプット÷インプットの算式で示される場合があるが、これは、効率性の定義をどのように設定するかによって生じる違いからくるものと考える。本書では、プロセスを考慮した算式で示している。

とができるので、効率性は向上します。しかし、契約を分割したことによりトータルの契約金額が上がってしまうことがあり、その場合、経済性という観点からは低下してしまうことになります。

　この関係は、①②の分数式で説明するとわかりやすいのではないかと思います。事務の負担や時間の短縮などが図られるときは、分母の行政活動（プロセス）は小さくなり、効率性は上がりますが、経済性の算式から見れば、分子の行政活動（プロセス）が下がるため、経済性が下がる場合があります。[5]

　また、効率性の観点は、図2-3のロジック・モデルにおける「行政活動（プロセス）」から「行政サービス（アウトプット）」までの間に焦点を当てたものになります。

　アウトプットは、行政サービス（人的サービス、物的サービス、経済サービス）の提供や公共財（道路、公園、学校等）の形成を意味することから、それらがもたらされるまでの行政活動の処理方法や処理時間、手段の最適性を調べることで効率性を把握することができます。

図2-5　効率性を分析する際の着眼点

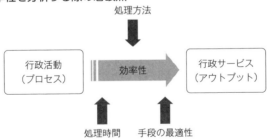

（5）事務の簡素化でプロセスが減少し、さらに人員も削減される場合は、インプットも減少するので、インプットとプロセスの均衡により、効率性、経済性ともに上がる場合がある。

具体的な着眼例を示すと、次のような切り口があげられます。

【処理方法】

・事務処理を簡素化、ICT化またはマニュアル化することで効率化を図れないか。

・効率的な作業手順になっているか。改善できるプロセスはないか。

【処理時間】

・より短い時間で事務の処理ができないか。タイムマネジメントができているか。

・1件当たりの処理時間を短くできないか（窓口業務、審査、ヒアリング等）。

【手段の最適性】

・他の部署に仕事を移した方が、あるいは業務の集約化をした方が効率化を図れないか。

・民間委託、指定管理等の民間活力や住民協働を通して、業務の効率化を図れないか。

コラム　監査のツボ（急所）～注意すべき7つの病（リスク）③～

③エスケープ症候群

　事務の執行において、可能なかぎり手間を省き、短時間で処理を行いたいあまり、経済性を考慮しない事務処理が行われていること。

（例）

・意図的に契約を分割しているケース

・契約金額を、ある基準より下げて、随意契約にするケース

（3）有効性

　3つ目の「有効性」とは、アウトプットがその目的とする所期の効果をもたらしているか、また効果を上げているかどうかに着目することから、次の分数式で表すことができます。

$$有効性＝\frac{効果（アウトカム）}{行政サービス（アウトプット）}$$

　この有効性についても効率性・経済性とはトレードオフの関係があり、有効性を高めるために、効率性や経済性を犠牲にしてしまうことがあります。

　例えば、生け垣づくりをする者に補助金を交付するような場合、緑化率の向上という点では有効性を高めることにつながりますが、経済性という観点からすれば、補助金などのコストを要することになり、コストに見合う効果が得られているかという課題が残ります。

　ここで注意しておきたいことは、成果の向上のみを意識して検証すると、コストが高くなり過ぎても仕方がないと流されてしまう点があることです。

　逆の場合も同じで、コストの削減を意識し過ぎると、成果は悪くなり、目標に対する達成状況も難しくなる可能性があります。

　したがって、事業を検証するときには、**有効性・効率性・経済性の3つのバランスを考慮しておくこと**が重要となります。

　有効性の観点は、ロジック・モデルにおける「行政サービス（アウトプット）」から「効果（アウトカム）」までの間に焦点を当てたものであり、アウトプットが所期の目的を達成しているか、効果を上げているかを検証することです。

　しかし、効果というものは、社会情勢や環境の変化、ニーズなどの外部要因に影響を受けたりすることもあるため、外部要因と内部要因

に分けて着眼点を示す必要があります。

図2-6　有効性を分析する際の着眼点

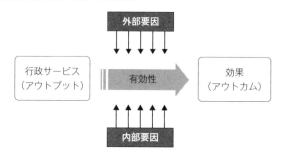

具体的な着眼例を示すと、次のような切り口があげられます。

【外部要因】

・社会情勢や環境の変化に事業が有効に機能しているか。

・対象者のニーズを充足しているか。

【内部要因】

・目標を達成するための手段・方法が最適であるか。目標値が妥当で
あるか。

・実施主体が的確であるか。他の部署に事業を移管した方が、または
他の事業と統合した方が有効ということはないか。

・現在の実施内容でカバーできていない領域あるいは統制できていな
い領域はないか。

3　実在性・網羅性

その他にも、実在性、網羅性などの視点があります。

「実在性」とは…

　現物が物理的または情報的に存在しているか？

「網羅性」とは…

　すべての会計処理が漏れなく、または重複なく記録されているか。

Ⅳ 監査の具体的な着眼点

監査を実施する上で、どのような点に着目すればよいのか。次は監査等の種類に応じて紹介します。

1 定期監査

定期監査とは、毎年度、少なくとも1回以上期日を定めて、監査を行うものです。どのようなものを監査するのかが地方自治法に定められています。

> 第199条 監査委員は、普通地方公共団体の財務に関する事務の執行及び普通地方公共団体の経営に係る事業の管理を監査する。

そのうち、財務に関する事務の執行の監査（財務監査）の主な着眼点を、①共通、②収入、③支出、④契約、⑤資産に区分して、説明します。

（1）共通

予算の執行に係る共通事項における主な着眼点を示します。

キーワード	着眼点
会計の誤り	□　会計区分は誤っていないか。 　　（例）一般会計と特別会計の区分誤りなど
年度の誤り	□　年度区分は誤っていないか。 　　（注）出納整理期間中の予算執行
科目の誤り	□　予算科目は誤っていないか。 　　（例）特別旅費と普通旅費、報酬と報償費
計数の誤り	□　計数に誤りはないか。 　　（例）支出負担行為額と契約額の不一致など
手続の誤り	□　財務会計上の手続は適正であるか。 　　（例）収支振替や更正手続など
様式の誤り	□　規則や要綱で定められた様式を使用しているか。 　　（注）長い間改正されていない例規など
決裁の誤り	□　各自治体の規程等で定められた決裁者となっているか。 　　（注）部長決裁が必要な契約、支出、復命など
議決事項	□　議会の議決事項に該当していないか。 　　（参考）地方自治法第96条
時効	□　時効の生じているものはないか。 　　（注）消滅債権の未整理、時効の起算点誤り
改善余地	□　事務処理や手続に改善の余地はないか。

（2）収入

収入に関する主な着眼点を示します。

キーワード	着眼点
調定の誤り	□　調定の金額に誤りはないか。 　　（例）過大徴収、過少徴収、算定誤りなど
調定の漏れ	□　調定手続を忘れたまま収入されているものはないか。 　　（例）調定に対する収入割合が100％を超えるなど
調定の漏れ	□　前年度の収入未済額が確実に調定されているか。 　　（例）起案漏れなど
手続の誤り	□　調定の時期や手続は適正であるか。
手続の誤り	□　調定の取消や更正の手続は適切であるか。
手続の誤り	□　延納、分納、徴収停止の措置は適正であるか。
収入の誤り	□　収入の消込誤り、漏れ、遅延などはないか。
収入の誤り	□　過誤納金の還付手続は適正に行われているか。（例）還付過払いなど
減免の誤り	□　減免等は条例、規則等に基づき適正に行われているか。

キーワード	着眼点
科目の誤り	☐ 収入科目は適切であるか。 （例）国庫補助金と県補助金の誤りなど
不納欠損理由	☐ 不納欠損した場合の理由は妥当であるか。 （例）消滅債権の未整理、時効の起算点誤りなど
比較	☐ 予算額や調定額と比較して、収入済額が著しく差がある場合、その理由は何か。
	☐ 前年度と比較して、収入済額に著しい増減がある場合、その理由は何か。
移し替え	☐ 繰越金が前年度の決算書と突合して、合致しているか。
	☐ 繰入金が対応する他の会計の繰出金または基金の取崩額と突合して、合致しているか。
杜撰な管理	☐ 収納金は適正に保管され、速やかに指定金融機関等に払い込まれているか。
	☐ 領収書を発行しない収納金がある場合、その確認は適正に行われているか。
	☐ 複数の目で現金や通帳の管理が行われているか。
	☐ 例規で定める現金取扱員以外の者が現金を取り扱っていないか。
改ざん	☐ 領収書の金額、日付等に改ざんは見られないか。

（3）支出

支出に関する主な着眼点を示します。

キーワード	着眼点
手続の誤り	☐ 支出負担行為を行わずに支出されているものはないか。
	☐ 支給手続に誤りはないか。 （例）資金前渡や概算払の不適切な精算など
不適切な執行	☐ 予算執行は適切であるか。 （例）私的購入、2重支払など
過大計上	☐ 過大計上されているものはないか。 （例）予算額や契約額を超える金額の支出など
過小計上	☐ 過小計上されているものはないか。 （例）予算額や契約額を下回る金額の支出など
事実相反	☐ 事実と異なった支出はないか。 （例）架空請求、実際の交通手段とは違う旅費など
実績未確認	☐ 実績報告を確認して支出しているか。 （例）補助金、政務調査費等の使途不明など
支払遅延	☐ 支払期限は守られているか。 （例）業務委託等（請求日から30日以内）、工事代金（請求日から40日以内）
政教分離	☐ 宗教団体等に対して支出していないか。 （参考）憲法89条
経費節減	☐ 経費の節減を図れないか。

区分	着眼点
報酬、給料、職員手当等	☐ 報酬の支出は適正に行われているか。
	☐ 支給額から源泉徴収すべき税金等の控除および納付は適正に行われているか。
	☐ 支給金額は、根拠となる条例または基準等に基づいたものになっているか。
	☐ 時間外勤務手当は、時間外の勤務実績に基づいて支給されているか。
	☐ 職員の勤務管理が適切に行われているか。
	☐ 委員名簿等に記載されていない者に報酬を支出していないか。 （例）委員の代理人など
報償費	☐ 要領や基準等に照らして誤った金額で支出されているものはないか。
	☐ 事実と異なる支出がされていないか。 （例）欠席者への支出など
	☐ 全体を見渡して、金額の整合が取れていないものはないか。 （例）類似した委員会の委員報償費が部署によって異なるなど
	☐ 報酬で支払うべきものではないか。
	☐ 源泉徴収を行い、所得税を差し引いて支給しているか。
旅費	☐ 旅費は経済的な通路で計算されているか。
	☐ 日当額は、根拠となる例規等に照らして適切であるか。
	☐ 概算払いで支出されている場合、しっかり精算はされているか。
	☐ 旅費の内容（目的、場所、期間等）を確認できる文書が添付されているか。
	☐ 旅費の行程に矛盾するものはないか。 （例）カラ出張など
	☐ 誤った科目（細節）から支出されていないか。 （例）普通旅費と特別旅費の間違いなど
	☐ 旅費の計算が誤っていることはないか。
	☐ 決裁者に誤りはないか。 （例）副市長や部長の旅費の決裁など
交際費	☐ 個人的な支出が含まれていないか。
	☐ 支出するにあたり、要領や基準が定められているか。
	☐ 領収書が添付されているか。
	☐ 支出先が法令や社会通念に照らして適切であるか。
	☐ 支出金額が社会通念に照らして妥当であるか。

区分		着眼点
需用費		☐ 入札を避けるために、消耗品費の分割がされていないか。
		☐ 年度末に当面必要としていない物品を購入していないか。
		☐ 複数の目で物品の検収がされているか。
		☐ 請求書の改ざん等が行われていないか。
		☐ 請求書等が実際に納入された物品とは異なる品目名になっていないか。 （例）随時納品させた物品について別の品目を納入させたこととして一括 して支払うケース（一括払）
		☐ 前年度納入されている物品はないか。
		☐ 翌年度納入されている物品はないか。
		☐ 修繕費と工事請負費の区分は明確に定められているか。
		☐ 在庫量を勘案した物品の購入をしているか。
		☐ 特定の業者から物品を購入していないか。 （注）業者と架空取引を行うなどして支払金を業者に保有させる「預け金」
	食糧費	☐ 日時、出席人員、請求金額は、証拠書類と一致しているか。
		☐ 支出するにあたり、基準や要領等が定められているか。
		☐ 食糧費が必要な会議等であるか。
		☐ 支出金額は社会通念に照らして適切であるか。
		☐ 支出先は社会通念に照らして妥当であるか。
役務費		☐ 誤った科目から支出されていないか。 （例）有料道路の通行料金 　　⇒「使用料及び賃借料」が適当 （例）お年玉年賀はがき 　　⇒「需用費（消耗品費）」が適当 （例）図書購入に伴う送料 　　⇒「備品購入費」でも差し支えない
		☐ タクシー券、切手、収入印紙等の使用や保管は、適切であるか。
委託料		☐ 委託内容の履行は、適正に行われているか。
		☐ 委託料の支出は、契約書の内容に基づき適正に行われているか。
		☐ 契約に反して、委託内容のすべてを再委託していないか。
		☐ 委託内容の履行期限は、守られているか。
		☐ 入札を避けるために、意図的に契約の分割が行われていないか。
		☐ 委託料の算定根拠は、合理的な基準に基づいたものであるか。
		☐ 委託料の支払に遅れているものはないか。
		☐ 精算の報告は、契約内容に基づき適正であるか。
		☐ 委託の成果物は、契約書に基づき適正に受領されているか。
		☐ 要領等で定められた手続にしたがって、支出されているか。 （例）指名委員会への付議など
		☐ 選定業者は特定の者に偏っていないか。

区分	着眼点
工事請負費	☐　前払金の支払時期および支払金額は適切であるか。
	☐　請負代金の支払は契約書の金額と合致しているか。
	☐　検査完了前に支払をしているものはないか。
	☐　入札を避けるために、意図的に契約の分割が行われていないか。
	☐　要領等で定められた手続にしたがって、支出されているか。 （例）指名委員会への付議など
	☐　工事請負の支払に遅れているものはないか。
	☐　修繕料と工事請負費の区別は、妥当であるか。
	☐　委託と工事請負の区別は、妥当であるか。
	☐　竣工検査は、確実に行われているか。
	☐　契約書に定められた期間内で支払われているか。
備品購入費	☐　消耗品と備品の区別はしっかりできているか。
	☐　備品管理台帳が整備され、更新がしっかりされているか。
	☐　年度末に当面必要としない備品を購入していないか。
	☐　金額が一定規模以上のものは入札が行われているか。
	☐　入札を逃れるために意図的に分割購入されていないか。
負担金、補助及び交付金	☐　負担金を支払う必要性があるのか。 （注）支払先の団体の翌年度繰越額の大きさなど
	☐　公益性のない団体に補助金が支出されていないか。
	☐　補助金の交付時期は適切であるか。
	☐　事業計画どおりの精算が行われているか。
	☐　補助金の根拠となる要綱等は制定されているか。
	☐　補助金の交付までの手続は要綱どおりに行われているか。
	☐　形式的な実績報告に留まっていないか。
	☐　補助金の成果は、確認されているのか。
	☐　補助金の交付条件は、適切に付されているか。
	☐　補助金の使途を実績報告で確認しているか。
	☐　補助団体の庶務経理を所管課の職員が処理していないか。

（4）契約

契約に関する主な着眼点を示します。

着眼点
☐ 意図的に分割されている契約はないか。
☐ 契約書に不備はないか。 （例）日付空欄、割印なし、公印漏れなど
☐ 随意契約の理由は適正であるか。 （参考）地方自治法施行令167条の2
☐ 契約日以前に着工しているものはないか。
☐ 契約内容を見直す必要はないか。 （例）長期継続契約への見直し、支払回数の見直し、支払時期の見直しなど
☐ 契約金額に応じた収入印紙が貼付されているか。 （例）印紙漏れ、金額不足、誤貼付など
☐ 議会の議決を要する契約において、仮契約などの必要な手続が行われているか。
☐ 不適切な契約履行がされているものはないか。 （例）契約書と違った履行、入札忘れ、契約未締結の予算執行、落札後7日を越える契約締結など
☐ 契約内容が適正に履行されたかどうか、実績報告で確認されているか。
☐ 工事について、設計書金額の一部を正当な理由なく控除する「歩切り」が行われていないか。

（5）資産

資産に関する主な着眼点を示します。

着眼点
☐ 備品は適切に管理されているか。 （例）備品台帳の未整備、備品台帳への未入力など
☐ 郵券は適切に管理されているか。 （例）郵券と受払簿の不一致、必要以上の購入、レターパックの不十分な管理など
☐ 現金は、適切に管理されているか。 （例）現金の紛失など
☐ 施設は、適切に管理されているか。 （例）市施設の管理上の不備、耐震化、警備体制、老朽化など
☐ その他の資産は、適切に管理されているか。 （例）土地、普通財産、公用車等の不十分な財産管理など

続いて、「経営に係る事業の管理の監査」の主な着眼点を説明します。

ここでいう「経営に係る事業」とは、**広く自治体の経営に係る事業**

であって、公営企業という会計的な括りだけでなく、役所の経営的なことから業務全般を指すとされています。

　例えば、行政運営、組織・定数、人事管理、文書管理、労務管理、内部統制などが対象となります。

「財務」の次は、「経営」に関することを説明します！

【経営に係る事業】

着眼点
☐　基本構想（総合計画）に結びつかない事業があるか。
☐　事業は、経済性、効率性、有効性を十分考慮されているか。
☐　公営企業については、企業の経済性を発揮するとともに、公共の福祉を増進するように運営されているか。
☐　事業は計画的に行われているか。
☐　事業は関係法令等に基づいて適正に行われているか。
☐　事業等の評価はしっかり行われているか。
☐　事業等の評価結果が改善に活かされているか。
☐　2つ以上の組織で類似した業務を所管していないか。
☐　改善の余地があるのに、前例踏襲で行われているものはないか。
☐　組織が事業目的に適合したものになっているか。
☐　職員の定数が適正に配置されているか。
☐　事務分掌が整備されていない組織はないか。
☐　事務の決裁が整備されていない組織はないか。
☐　事務分掌と現実の業務に乖離は見られないか。
☐　事務決裁と現実の業務に乖離は見られないか。
☐　事務の決裁は規定どおり守られているか。
☐　職員の定数と配置数が一致しない場合、その理由は妥当であるか。
☐　時間外勤務と休暇取得の状況から見て、職員の配置数は妥当であるか。
☐　業務の一部を臨時職員が行っている場合、外部委託も含めてその合理性が検証されているか。

着眼点
☐ 職員の研修は、人材育成という観点から計画的に行われているか。
☐ 職員の安全・衛生管理等に関して、しっかり対策がなされているか。 （例）福祉施設、文化会館等の庁舎以外の施設管理等
☐ 職員の時間外勤務の管理が適切に行われているか。 （例）まとめて事後承認など
☐ 職員の福利厚生は適切に行われているか。 （例）公費負担と互助会負担の妥当性など
☐ 文書の保存期間が定められ、適切に保存されているか。
☐ 公印は適切に保管、使用されているか。 （例）公印押印の際のチェック機能など
☐ 内部統制は機能しているか。
☐ 所管下部組織への指導、監督等は適切に行われているか。
☐ 情報セキュリティについての対応は十分とられているか。
☐ 個人情報等の管理は、適切に行われているか。
☐ 施設やインフラの更新が計画的に行われているか。
☐ 毎年度、資産台帳が適切に更新されているか。
☐ 財務諸表は適切に作成されているか。
☐ 民間等に委託することにより、効果が期待できるものはないか。
☐ 累積欠損金および不良債務の解消の方法は適切であるか。
☐ 庁舎等の管理、火災装置、その他の環境衛生などは、適切に行われているか。
☐ 公用車両等の運行管理は、しっかり行われているか。

2 例月出納検査

　例月出納検査は、現金の収支が正確であるか、現金残高が出納簿の残高と一致しているかなどをしっかり確認するものです。

　現金の取扱いについては、不正や過誤のリスクが潜在しますので、金融機関の残高証明書と照合するなど、特段の注意を要するものでもあります。

　しかしながら、指定金融機関等の制度や口座振替の普及により、公金の取扱いが会計管理者から離れていることもあり、検査の意義は失われてきているという話もあります。

　そのため、例月出納検査を決算審査の「期中審査」のように位置づけ、運用していく役割が期待されています。

　自治体によって、財務会計システムや会計帳簿の様式が異なるため、検査資料にどうしても違いが生じてしまいますが、ここではどの自治体にも共通するような検査の着眼点を紹介します。

着眼点
□　収支計算書等の提出資料の数字は正しいか。 　　（例）書類上で計算し、正確性を確認するなど
□　預金と残高証明書の金額が一致しているか。
□　すべての借入金が会計帳簿等に記録されているか。 　　（例）取引金融機関の残高証明書で確認など
□　現金、預金通帳、小切手用紙等の保管が適切に行われているか。
□　過払、誤払等の支払が行われていないか。
□　過払、過払等による戻入が適正に行われているか。
□　調定に対する収入割合が100％を超えているものはないか。 　　（例）調定漏れなど
□　支出負担行為額に対して支出命令額が多いものはないか。 　　（例）支出負担行為伺いの起案漏れなど
□　歳出の執行率で前年同月と比較して、大きな差があるものはないか。
□　歳入の収入率で前年同月と比較して、大きな差があるものはないか。

コラム　監査のツボ（急所）〜注意すべき7つの病（リスク）④〜

④ルールの空洞化

　実際の実務が要綱、指針等の規定どおりに行われていないこと。また、根拠となる例規の規定が存在しないこと。

（例）

・随意契約の指針等では「再委託の禁止」が定められているが、丸ごと再委託しているケース

・決められた要綱以外に別途、要領を作成し、その要領に基づき支払っているケース

・誤った支出科目で支払われているケース

・補助金の支出根拠となる要綱等が定められていないケース

3 決算審査

決算審査については、現金主義の一般会計・特別会計、発生主義の企業会計の2つに分けて、説明します。

（1）一般会計・特別会計

着眼点
☐ 計上漏れの収入、支出がないか。
☐ 誤った予算科目で収入、支出しているものはないか。
☐ 前年度決算の「翌年度への繰越額」が当年度の「前年度繰越額」と一致しているか。
☐ 出納整理期間中を過ぎた収入または支出がないか。
☐ 継続費の逓次繰越、明許繰越、事故繰越の理由および手続が適正であるか。
☐ 継続費などの契約内容は、予算の定める総額、年割額などになっているか。
☐ 予算の流用、予備費の充用は、適切な理由、手続であるか。
☐ 多額の不用額が生じている場合、その理由は妥当であるか。
☐ 債務負担行為が予算で定められた範囲内で行われているか。
☐ 一時的に他会計の歳入不足を補填することで、財政の健全性が損なわれるようなものはないか。 （例）投資、出資金、貸付金など
☐ 予算額に比べて、収入済額の差が著しいものはないか。
☐ 調定額に比べて、収入済額の差が著しいものはないか。
☐ 過去の決算審査で監査委員が指摘した意見が是正されているか。
☐ 定期監査や例月出納検査等で指摘した事項について、必要な改善措置が行われたか。

（2）企業会計

着眼点
☐　収益に対応する費用は計上されているか。
☐　営業損益と営業外損益の区分は適正であるか。
☐　経常損益と特別損益の区分は適正であるか。
☐　勘定科目の区分は適正であるか。
☐　収益、費用の計上漏れ、過剰計上されているものはないか。
☐　利益剰余金と資本剰余金は正しく区分けされているか。
☐　前払金と前払費用の区分けは明確にされているか。
☐　未払金と未払費用の区分は適正にされているか。
☐　未払金は発生の事実に基づき適正に計上されているか。
☐　他会計借入金と出資金の区分は適正にされているか。
☐　定期監査や例月出納検査等で指摘した事項について、必要な改善措置が行われたか。

コラム　監査のツボ（急所）〜注意すべき7つの病（リスク）⑤〜

⑤公務員の他人ゴト化習慣病

　公費であるため、金銭感覚が乏しく、必要以上にお金を使ってしまっていること。

（例）

・年度末になると、大量に消耗品等を購入するケース

・団体に対する補助金や委託に関して、形だけの実績報告をもらうだけで、中身のチェックはしていないケース

・補助団体の繰越額が補助金額を上回るケース

・会議に出席する人数以上のお茶等を購入しているケース

・食糧費やタクシー券の使途が怪しいケース

Ⅴ　監査を行うときの心構え

1　「凛」として振る舞う

　監査は、一生懸命やればやるほど、相手に嫌われてしまうことがあります。

　その原因はいろいろと考えられますが、監査を行う者が法令やルール等をふりかざして、正しさを押し付けることへの不安や不満もその一つです。

　正しさを指摘するあまり、相手の心情を考えない失態を犯してしまっていることもあるかもしれません。

　このような状況を起こさないために、一方的に正しさを押し付けることはやめましょう。相手を説得するのではなく、**納得させるような伝え方**を心掛けることが重要です。

　理解してもらえない時は、丁寧にわかりやすく、説明することも大切です。

　ちょっとしたコミュニケーションの取り方で、人の気持ちは変わるものです。

　笑顔で相手の心を溶かしながらも、譲れないところは譲らない**「凛」とした対応**が監査では重要なポイントになってきます。

2　数字の背景を探る

　監査の役割として、数字の「間違い探し」を求めているわけではないことは前述しました。

　「前年度と比べて金額が大幅に増えているのは何故だろう？」
　「この月だけ収入がないのは何かあったのだろうか？」
　想像力を巡らせて**数字の背景を考える**ことはとても大事なことです。
　その要因がわかると、その内容の理解をより深めることができ、気づいていなかった新たな課題の発見にもつながるかもしれません。

　数字の背景を読み取るためには、その数字に関連する情報を知っておく必要があります。
　こうした関連情報を増やしていくことは、数字に強くなる一歩であり、監査を行う上でも重要です。

3　現場を見ることを忘れない

　書類を運んでもらい、机上で書類のチェックをするだけでは、どのような職場環境の中で仕事をしているのかはわかりません。
　職場の雰囲気、執務スペースの広さ、人間関係、緊張感など、あまり関係ないように思うかもしれませんが、環境に左右されることは往々にしてあるものです。

　直接、現場に出向いて、自分の目で**しっかり現場そのものを見て、知り、肌で感じる**ことはとても重要です。

　現場をわかっていない人間がいくら監査という名の下、指導や助言をしても相手の心には響きにくいものです。

　普段から、どのような職場であるのかをよく観察しておきましょう。

4　事前の準備を怠らない

　闇雲に監査に臨んでいては、時間もかかり、非効率であったり、大事な部分を見落としてしまったりすることもあります。それを防止するためには、**事前の準備が大切**です。

　例えば、業務委託が100件を超えるような職場があった場合、すべ

ての書類をチェックすることは、とても能率が悪いと言えます。

　そこで仮に、10件の業務委託を選ぶとしたら、あなたはその10件をどのようにして選びますか？

　金額の高いものから順に業務委託の書類を持って来させる方法もあるでしょう。しかし、金額の多いものについては、入札等が絡む関係で、契約課の合議でチェックが入り、不適切な部分はあまり発見されにくいものです。

　その他には、随意契約になるか、ならないかの境目付近の契約もそうです。

　例えば、50万円前後の委託関係の書類を見ると、2つ以上の契約で同じ場所、同じ契約期間、同じ業者で行われていることがあり、契約を分割しているケースが見られることがあります。このように、事前の準備でしっかりチェックすることができていれば、監査の質を高めることができるので、事前準備を心掛けましょう。

　また、監査を実施する前に、どのような証拠書類を入手して確認すればよいかを特定しておくことはとても重要です。

　入手すべき証拠書類を監査の前に想定しておかないと、監査の実施時に必要な証拠書類を考えなくてはならず、効率が悪いだけでなく、後で証拠書類を取り寄せて確認しなければならなくなってしまうこともあります。

5　「対症療法」ではなく「根本療法」を目指す

　監査を行っていると、毎年、同じ注意や指摘がなされ、一向に改善が図られないということはよくあります。

　そのような結果がなぜ起きてしまうのでしょうか。

　ついうっかりして、犯してしまう単純なミスから、手続が面倒くさいため意図的に行ってしまう不適切なものまで、さまざまなレベルの

不適切な事例があります。

　その場でミスや誤り等を発見し、指摘を行っても、その**根本となる問題点を見つけて、指摘しないかぎり、何回も繰り返されてしまうの**ではないでしょうか。

　それを避けるためにも、どの部署にも共通して起こり得るものは、問題の本質を探り、場合によっては、不適切な事例が発見された部署ではなく、その業務の司令塔的な役割を果たす部署（契約関係なら契約課など）に対して問題解決のための検討を促す指摘をしてみる必要があると思います。

　そもそも、監査とは、職員一人ひとりが正しく適切に事務を行っていることを保証するための仕組みとも言い換えることができ、誰かを摘発するために監査をしているということはありません。

　重大な事故や事件につながらないようにするために、その前の段階で**不適切な事例を起こさせないような仕組みやプロセスを作らせる指摘**が、信頼される行政の実現にもつながっていくと思います。

6　事実の把握に努める

　監査を行っていて、何かおかしいと思ったら、必ずしっかり調べるという姿勢が大切です。特に、重大な事実が隠れているようなときは、当事者は必要以上に怒ったり、嫌がったりするようなことがあります。

　仮に、重大な違反を行っていた場合に、その違反者が致命的な状態にならないように、歯止めをかけてあげることも、監査の指導という点で重要です。

　しかし、いくら調べても「何もなかった」ということもあります。

　いや、むしろ明らかでない、グレーのような案件は多々あるのではないかと思います。

　でも、そのようなときは、謙虚に事実を受け止めるようにしましょ

う。

　こちらの意見を無理に押し通しても、相手との信頼関係を崩してしまっては本末転倒です。

　監査の仕事を支えるのは、あくまでも**「事実」**の把握、**「事実」**に**基づく保証・助言**になります。

正しいと思われた「常識」、
長年受け入れられてきた「慣習」
に捉われず、「事実」に基づいた
判断を心掛けよう！

7　「虫の目」「鳥の目」「魚の目」を使い分ける

　監査を行う者は、「虫の目」「鳥の目」「魚の目」を持つことが求められます。

　「粗_{あら}を探す」というわけではありませんが、「虫の目」のように、細部まできちんと調べることは、正確性という観点からもとても重要です。

　また、「鳥の目」のように、高い見地から俯瞰することは、役所内で統一したルールがなかったり、内部統制が機能していないことを発見できたり、さらには、他の自治体と比べて、どのような状況にあるのかがわかります。

　そして、「魚の目」のように、流れを見
ることができれば、時代の潮流に乗って、
危機的な状況から回避したり、新たな価値
の創造にもつながります。

コラム ▶ 監査のツボ（急所）〜注意すべき７つの病（リスク）⑥〜

⑥自律コントロール失調症
　自治体としての統一的な基準がなかったり、チェックする体制・
仕組みが整っていないこと。
（例）
・講師への謝礼金額が部署によって異なるケース
・普通旅費と特別旅費の取扱いが部署によって異なるケース
・同一の学会、協会等に入会している場合、会費などの負担金が部
　署によって異なるケース
・要綱にすべきか、要領にすべきか、統一的な基準がないケース

第 3 章

より良い監査を
実現するために

I 自治体の監査における課題

　現行の自治体監査（監査委員監査・外部監査）については、平成20年～平成22年に会計検査院の検査等で判明した自治体の不適正経理を背景に、「地方制度調査会⁽¹⁾」、「地方行財政検討会議⁽²⁾」、「地方公共団体の監査制度に関する研究会（総務省）⁽³⁾」と、議論は重ね続けられており、具体的な課題が示されているところです。

　ここでは、その中で示されている課題に加えて、新たな切り口からの課題も紹介します。

1　監査の独立性が保たれているのか？

　例えば、監査委員事務局の職員は、同じ役所内の他の部署から人事異動してくるため、監査の相手は「身内」ばかりです。何年かすれば異動し、自分が監査をされる側になる職場環境にあります。

　監査委員が外部の人であっても、それを補助する事務局職員が内部の人では、形式的に独立性があるように見えても、実質的に独立性が保たれているとは言えません。独立性を確保するためには、実質的に

（1）総務省HP「第29次地方制度調査会－今後の基礎自治体及び監査・議会制度のあり方に関する答申」http://www.soumu.go.jp/main_content/000026968.pdf
　　「第31次地方制度調査会－人口減少社会に的確に対応する地方行政体制及びガバナンスのあり方に関する答申」http://www.soumu.go.jp/main_content/00040343 6.pdf
（2）総務省HP「地方自治法抜本改正に向けての基本的な考え方」（平成22年6月22日）http://www.soumu.go.jp/main_content/000098617.pdf
　　「地方自治法抜本改正についての考え方（平成22年））」（平成23年1月26日）http://www.soumu.go.jp/main_content/000098615.pdf
（3）総務省HP「地方公共団体の監査制度に関する研究会報告書」http://www.soumu.go.jp/main_content/000219869.pdf

も外観的にも独立性を伴うものでなければなりません。

　また、その他にも、自治体の長の選任で監査委員を決めたり、監査委員事務局の定数や財源に関する権限がないなど、議会の承認はあるにしても、完全な独立性があるとは言えない状況です。

2　専門性が養えているのか？

　監査に必要となる知識は、法令（例規）、契約、財政、企業会計など、広範多岐にわたり、一朝一夕に身につけることはできません。

　そのような中、監査委員事務局職員の平均配属年数は、2〜3年という調査結果があります。

表3-1　都市別の監査委員事務局職員の経験年数　　　　　　　　　　（単位：人）

	事務局職員数	経験年数		
		3年未満	3年以上10年未満	10年以上
都道府県	1,073	782（72.9%）	272（25.3%）	19（1.8%）
指定都市	412	257（62.4%）	142（34.5%）	13（3.2%）
中核市	336	220（65.5%）	108（32.1%）	8（2.4%）
特例市	303	189（62.4%）	107（35.3%）	7（2.3%）

（出所）第29次地方制度調査会資料より

※特例市：地方自治法の改正により平成27年に制度としては廃止され、廃止時に特例市のうち中核市等に移行しなかった市は施行時特例市と呼ばれ、経過措置がとられている。

監査ノウハウの継承

　監査委員事務局への在職年数は平均2〜3年とありますので、専門的知識を習得する前に、他の部署へ異動してしまうこともあるかもしれません。

　それでは、組織として、監査の機能が形骸化してしまいますので、しっかりマニュアルを作成するなど、ノウハウの引継ぎをしっかり行うことが重要です。

　現在の自治体監査は、自治体内部の業務についての知識や実態を知っていれば対応することができ、本来、求められるはずの監査に必要な知識やスキルを身につけていなくても、監査ができてしまうという実態が浮き彫りになっています。

3　監査委員監査は内部監査なのか？

　監査委員監査は内部監査であるのか、または外部監査であるのか、その位置づけが明確になっていないという課題があります。

　監査委員は、組織上、首長の指揮命令系統から外れている上に、身分上でも職員として雇用されているというわけではなく、外部の民間人（会計士、税理士、弁護士等）や議員が就任している事実から外部監

コラム　諸外国の自治体監査

　我が国のような監査委員の補助業務を自治体職員が行う監査委員事務局方式は、国際的には普遍でなく、[(4)]フランスやドイツのように中央が州ごとに設置する州会計検査院が監査する方式、イタリアのように内務省に設置された半独立の監視委員会とその州域機関が監査する方式、ニュージーランドのように中央の会計監査院が自治体の監査を監査する方式もあります。

　スウェーデンは、日本の監査委員事務局方式に類似していますが、監査委員の補助業務を自治体職員ではなく、民間の専門家が行う点で異なります。

　近年、総務省において有識者を集めた研究会等がいくつか設置されましたが、その中の地方行財政検討会議の見直し案の一つにあった「監査共同組織」は、当時、英国にあった地方自治体監査委員会を参考にしたところがあります。

（4）山下茂『体系比較地方自治』参照、ぎょうせい

査という見方があります。

　しかし、一方で、監査を受ける立場である首長が監査委員を選任するということは、議会の同意という議決行為があるにしても、監査で求められる独立性を十分に担保しているとはいえず、外部監査として位置づけるのには無理があるという見方もあります。

　また、監査委員を補助する事務局についても、事務局内の定数や人事を決める権限は自治体の長にあり、実質的な独立性が担保されているとはいえない状況です。

　現行の監査委員監査の位置づけは、視点の違いで見解が分かれ、法律の中でも明確に示されてはいませんが、外部監査として位置づける見方は難しいと考える人の方が多くなっています。

4　コンサルティング的な監査を意識したことがあるか？

　内部監査という言葉は、地方自治法にも明記されておらず、日本の自治体監査制度の中で具体的に定義されているものはありません。しかし、前述したように、民間部門まで視野を広げると、IIAの「内部監査の専門職実施の国際フレームワーク」の中に内部監査の定義が記されており、法令や基準等に則って適正に行われているのかを保証する「アシュアランス機能」と、組織の運営に関し改善を助言する「コンサルティング機能」の2つの機能があるとされています。

　ここで注目すべき点は、内部監査にはコンサルティング機能があると明記されている点です。

　監査の本来的な機能は、アシュアランス（保証）になりますが、ここでコンサルティング（助言）と明記したのには、組織体の運営には改善を意識した内部監査特有の性質が関係していることがあるからと考えられます。

　例えば、監査を実施している中で、納品書に記載されている物品と

は異なる物品を購入しているケース（通称「差替え」）が発見された場合に、「不正が行われていた」という監査報告では、アシュアランス機能を果たすことはできても、その不正が行われていた原因を特定できたわけではないので、再び不正が繰り返される可能性は残ります。監査を通して、不正が行われる原因を究明し、その原因を除去するための方策までコンサルティングするようになれば、業務を行う上での大きな改善効果にもつながります。

5　マネジメントに活かせた監査ができているか？

　監査委員監査を実施するに当たっては、地方自治法第199条第3項により、同法第2条第14項および第15項の規定の趣旨に則って行うことが求められています。

　これは自治体の事務が住民の福祉の増進に努めるとともに、最少の経費で最大の効果を挙げているかという観点、また組織および運営の合理化に努めているかという観点から監査を実施するということです。

　このように、監査委員監査には、正確性や合規性という観点だけでなく、サービスの達成度や水準まで監査することが求められているのがわかります。

　具体的には、「最少の経費で最大の効果を挙げているかという観点、また組織及び運営の合理化に努めているか」という観点は、Value for Money（VFM）の概念に通じるものであり、「経済性、効率性、有効性」の3つの観点（いわゆる3E）とも置き替えることができます。

　一方、IIAでは、内部監査の目的を「内部監査部門が、客観的かつ適切なアシュアランスを行い、ガバナンス、リスク・マネジメントおよびコントロールの各プロセスの有効性と効率性に役立っているときに内部監査部門は組織体に価値を付加している。」と記しています。これは、アシュアランス（保証型監査）を行う際には有効性と効率性

の観点も重視していることが示唆できます。

　このように監査委員監査とⅡAの内部監査を比較したときに、互い
に共通する部分があるのがわかりますが、次のようにマネジメントと
の関わりという点で相違点も見られます。

　例えば、経営会議への参画という点で、ⅡAの内部監査では内部監
査部門長が取締役会に直接伝達し、直接の意思疎通を図ることを義務
づけていますが、監査委員監査では、監査委員事務局長や常勤代表監
査委員が、各自治体の行政運営の基本方針、重要施策等の審議や各部
局相互の連絡調整等を行う庁議（経営会議）に参画しているケースは
少なく、監査部門と経営幹部が直接関わりを持つ体制が整っていない
状況にあります。⁽⁵⁾

　さらに、監査結果の処理についても、ⅡAの内部監査では改善措置
を取らないことによるリスクを最高経営者が受容しているか否かをモ
ニターし、フォローアップするプロセスを義務づけているのに対して、
監査委員監査では、一部の自治体を除き、多くの自治体で制度化され
ていない状況にあり、監査委員が改善等の提言を首長にしても、行政
のマネジメントにどのような関わりをもつのか不明確なところがあり
ます。

　一般的な監査のイメージとしては、不正の摘発を目的とする感があ
りますが、それはあくまで副次的な目的であり、監査の過程において
不正を摘発する場合が生じることはあっても、行政運営を監察的見地
から検査し、正否を調べることに重点が置かれるべきものです。それ
は、言い換えれば、監査委員監査を行政の運営上での改善機能のツー
ルとして位置づけることも可能であることを示しています。

　また、首長と監査委員が日頃から共通の認識を持つような機会が作

（5）各自治体の庁議規程等を閲覧すると、監査委員事務局長が庁議等の構成員となって
　　いる自治体も一部で確認できる。

られれば、行政内部の実情や課題となっていることを共有できるとともに、重要なリスクや、行政手続上の問題を早い段階で提起する機会にもなり、行政のマネジメント強化にもつながっていきます。

コラム ┃ 監査のツボ(急所)〜注意すべき7つの病(リスク)⑦〜

⑦パンドラの箱

担当課が触れられてほしくないもの。内容によっては、市民の信頼を失墜させてしまうような大きな問題が隠されていることがある。

Ⅱ　内部統制部門との連携強化

　現在、多くの自治体では、行政評価の導入などを契機に、PDCA（Plan-Do-Check-Action）というマネジメントサイクルが導入されています。その一方で、災害や事故等のリスクや事務処理の中に潜在するリスクなど、リスクに注目する取組が目立つようになってきました。

　例えば、どのようなリスクが潜んでいるかを事前に分析・評価し、リスクを軽減させる対策を練っておくことを「**リスク・マネジメント**」と言いますが、人口減少時代において脆弱なリスク管理は、セキュリティソフトを備え付けないパソコンのようなものです。例えば、業務に潜在するリスクをあらかじめ特定し、発生頻度と影響度合いの観点から評価する「**リスク・アセスメント**」など、リスクの可視化や監視の強化等、組織全体でチェックできるような仕組みを整備しておくことはとても重要になってきます。

　こうした状況の中、リスクに対する対策の一つとして、近年、経営層が主体となって行う自律的な統制、いわゆる「**内部統制**」が注目され、平成29年の地方自治法改正で、都道府県及び政令指定都市にその整備が義務づけられるようになりました。

　内部統制とは、リスク・マネジメントの**業務上のリスクや手順を見える化し、危険を予防・抑制するためのリスク管理手法**です。上場企業など一定規模の民間企業に義務化されています。

　総務省で「地方公共団体における内部統制のあり方に関する研究会」や「地方公共団体における内部統制の整備・運用に関する検討会」が設置され、その検討結果が報告書として公表されていたこともあり、法律で義務化される前から自主的に自治体においても内部統制

に関する業務を専門とする担当部署を設置し、担当職員を配置している状況が見られました。

　内部統制は監査の実効性を高める上でも有効な仕組みであり、内部統制を所管する部署が設置されると、監査部局とのカウンターパートも築かれるなどのメリットがあります。

　それは、今後、人口減少の影響で監査委員事務局の職員も縮減または他の部署との兼務が出てくる可能性があるからです。内部統制を所管する部署と監査部局との連携が深まれば、より効果的なチェック機能の構築が期待できます。

　まちの魅力につながるさまざまな取組を行っても、職員のミスや誤りで住民等が損失を被れば、負のイメージを拭い去ることはとても難しくなります。高齢者や子ども、移住者の生活の質を高い水準で維持するためには、経営戦略（業務改善）に関するPDCAだけでなく、内部統制によるリスク管理のPDCAもしっかり行うことが重要です。その両方のバランスを維持することが、信頼される行政の実現、さらには自治体としてのブランド力向上にもつながるのではないでしょうか。

図3-1　政策マネジメントとリスク・マネジメントの関係

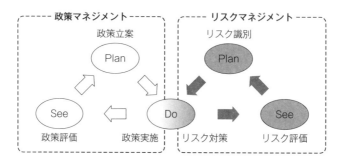

Ⅲ　監査の効力の限界とフォローアップ

　前途した3Eの観点から行うVFM監査は、合規性や正確性の観点と比べて、改善すべきかどうかの判断基準が監査する側と監査される側で差が生じやすく、そのため、監査される側が全面的に納得して、直ちに行動に移すのは難しい面があります。

　また、監査で指摘等をしても法的拘束力がなく、フォローアップする仕組みが整備されていなかったため、自治体によっては、「処置基準」を制定し、改善等に対する回答を求める処置を行っている自治体もありましたが、平成29年の地方自治法改正により、**勧告制度**が創設され、法制化されました。

　しかし、法制化されていたとしても、監査される側に納得できるような証拠やデータの提示等をすることは大事なことです。納得感が得られなければ、却って意見を押し付けられることによるモチベーションの低下や、監査の言うことは表面上聞いていればよいといった監査の形骸化を招いてしまうこともあります。

　監査される側が「なるほど」と傾聴し、実践してくれるよう、普段からコミュニケーションも心掛け、監査する側と監査される側の相互に「信頼関係」という橋をかけておくことが大切です。

> ### コラム 処置の区分
>
> 　処置の区分の仕方は、自治体によってさまざまです。
> 　例えば、静岡県では⁽⁶⁾、「指摘」「注意」「指導」「意見」の４つに区分しています。
> 　**指摘**は、次に掲げる事項に該当し、その程度が著しいものおよびその他指摘すべき重大な事項。
> 　ア　法令・条例・規則に違反している事項
> 　イ　収入確保に適切な措置を要する事項
> 　ウ　予算を目的外に支出している事項
> 　エ　著しく不経済な支出または著しい損害を生じている事項
> 　オ　既に注意したもので是正または改善されていない事項
> 　**注意**は、指摘に掲げる事項に該当し、その程度が軽微なもの、既に指導したもので是正されていない事項およびその他特に注意すべき事項。
> 　**指導**は、注意に掲げる事項に該当し、その程度が単純かつ影響の少ないミス等であるものおよびその他特に指導すべき事項。
> 　**意見**は、組織および運営の合理化や事務・事業の適正化など多様な観点から必要があると認める事項。
> 　対象機関に対して、監査結果伝達後、３か月以内に改善措置状況

の報告を求めています。

　また、大阪府茨木市では、「指摘事項」「注意事項」「委員意見」の⁽⁷⁾
３つに区分しています。

指摘事項は、「法律、政令、省令、条例、規則、規程、要綱、要領、基準等に違反しているものと認められるもの。その他適正を欠く事項で是正する必要があると認められるもの」、**注意事項**は「指摘事項に該当するが、その程度が軽微なもの（口頭注意により是正することができるものを除く。）」、**委員意見**は「指摘事項には該当しないが、経済性、効率性および有効性の観点から検討する必要があると認められるもの。制度、組織等に関する課題のうち、特に要望する必要があると認められるもの」とされています。

（6）静岡県HP「静岡県監査委員監査基準」http://www.pref.shizuoka.jp/
　　kansa/documents/kansakijyun26.pdf
（7）大阪府茨木市HP「監査結果の処理基準」http://www.city.ibaraki.osaka.
　　jp/ikkrwebBrowse/material/files/group/74/26kansakekkasyorikij
　　un.pdf

Ⅳ 付加価値を含んだ コンサルティング監査の実践

これからの自治体には、自らが戦略的な発想をもって、より効果的な政策を創りだす能力が問われてきます。従来からの正確かつ効率的な業務の遂行だけでは、地域の豊かさを維持または発展することはできません。

それは監査においても同様です。現在の自治体監査は、内部監査の要素が強いにもかかわらず、その機能が果たされていない状況です。

これからは、経営層のニーズや政策・施策を遂行する上での課題をリスク評価等できちんと整理し、監査の保証機能だけを志向するのではなく、コンサルティング的な付加価値を含んだ監査を実現できることが求められます。

図3-2は、政策体系ごとに監査の2つの機能のどちらを重視するかで、監査を類型化したものです。

事務事業などを対象に法令や基準などのルールに従っているかを確認する監査を「準拠性監査」、データ分析を用いて業務プロセスの中に阻害要因がないかを特定し、改善策を提示する監査を「プロセス監査」、さらには政策・施策の目標や経営上の目標を向上させるための助言を行う監査を「政策監査」と呼称し、分類しています。

今後、人口減少問題が本格化し、職員の定数を確保することが困難になれば、監査による第三者的保証の重要性は認識しつつも、監査委員事務局の職員もその対象として影響を受けることが予想されます。そうなると、監査を実施したことによる具体的な成果（業務改善、コスト削減、不正の防止等）がこれまで以上に求められるようになります。

一部の自治体においては、業務上の問題解決やコスト削減などに活

かせるような情報を積極的に発信し、業務改善に役立つ監査を実践しているのが見られます。

　しかし、今後は、さらにそれを発展させて、自治体経営に資する監査、さらには政策や施策に資する監査が志向されるべきではないでしょうか。

図3-2　監査の類型化の例

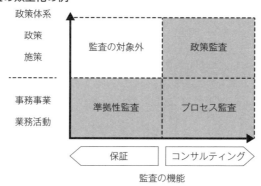

第 4 章

事例編

I リスクに着目した監査の方法

リスクに着目した監査には、一般的にリスク・アプローチの手法がありますが、内部統制が機能整備されていない場合は、第1章図1-4（39頁）で示される統制リスクが算出できず、残存リスクを示すことができません。そこで、内部統制が整備されていなくても実施できる他の手法として、静岡県富士市で実践しているリスクに着目した監査手法の事例を紹介します。

1 リスクを考慮した監査計画の策定

富士市では、毎年度、リスクの発生する頻度やリスクの影響度を考慮した監査計画を策定します。

具体的には、前年度の決算審査や定期監査で指摘や指導した内容をリスクごとに分類し、その結果を「発生頻度×影響度」のマトリックス上に位置づけ、重点的に監査する項目を抽出し、監査計画を策定しています。

（監査計画の策定）

第7条 監査等を効率的かつ効果的に実施するため、事務の執行上及び事業本来が有するリスクを考慮した監査計画を策定する。

【富士市監査基準（一部抜粋）】

平成 28 年度監査計画

第1．基 本 方 針

　本市では、平成 25 年度末から物品購入に伴う不適切な経理処理、補助金に絡む不正受給、職員による公金横領など市民からの信頼を著しく失墜させる不祥事が発覚しており、より一層の適正かつ公正な財務運営を確保するためのチェック機能の強化等が求められている。

　監査等の実施については、富士市監査基準に基づきリスクに着目して行うが、特に毎年改善に資する指導が行われている事項については、同じ内容の指摘等が発生する原因や環境、その事務処理に係るルールの遵守が機能しているかという内部統制に留意するものとする。

　また、深刻化する人口減少問題のなか、地方創生に向けた取組が全国の自治体ではじまっており、本市においても都市活力の再生が緊急の課題となっていることから、「最少の経費で最大の効果を挙げているか」というＶＦＭ(Value For Money)の観点から、本市の施策の推進に繋がるようなコンサルティング的な意見等を心掛ける。

第2．監 査 計 画

1　定期監査 (地方自治法第 199 条第 4 項)

　⑴　実施方法

　　全部局を対象に、2 年に 1 回以上実施する。ただし、小・中学校は 4 年に 1 回とする。

　⑵　監査項目及び着眼点

　　市の財務に関する事務の執行及び公営企業会計の経営に係る事業の管理が適正かつ正確に行われているかを主眼として監査を実施する。また、より少ない費用で、最大限の成果を得ているかという観点からも監査を実施する。

　　なお、本年度は、以下の項目について重点的に監査を実施するとともに、過去の監査結果等に基づく改善状況のフォローアップも行う。

　ア　予算の執行に関し、法令や市のルールに基づいているか。契約書等関係書類に不備はないか。
　イ　工事、委託、物品購入等において、契約を恣意的に分割していないか。
　ウ　補助金等の使途、委託等の履行について、現場、実績報告書等で検査検収が十分に行われているか。
　エ　支払いの遅延はないか。
　オ　現金、有価証券等の保管・管理について、職員相互のチェック機能は働いているか。購入した備品の管理は適切に行われているか。

> 前年度の監査結果をリスク評価し、重点監査項目を設定します。

　それでは、監査計画ができるまでの手順を具体的に見ていきましょう。

2　リスク整理表の作成

　まず始めに、毎年度、年度末（3月）にかけて、その当該年度に実施した定期監査や決算審査等で各課に改善等の指示を行った内容を性質別に分類し、整理します（表4-1）。

　この一覧表を作成することによって、どういう内容のものに改善等の指示が多かったのかが分かってきます。

表4-1 リスク整理表(例)

	リスク種類		監査等の処置結果		固有リスク評価	
	大項目	小項目	決算審査	定期監査	発生頻度	影響度
1	予算関係(共通)	会計区分の誤り				
2		会計年度の誤り				
3		予算編成上の問題				
4		予算科目上の問題				
5		経費設定上の問題				
6	収入関係	不適切な調定手続				
7		不適正な徴収手続				
8		滞納・時効関係				
9		過大計上				
10		過少計上				
11	支出関係	不適切な予算執行				
12		不適切な支給手続				
13		過大計上				
14		過少計上				
15		実績報告等の未確認				
16		支払遅延				
17	事務関係	入力ミス				
18		不適切な決裁行為				
19		行政手続上のミス				
20		起票時期のミス				
21		文書関係の不備				
22		事務の効率化				
23	契約関係	恣意的な分割				
24		契約書等の不備				
25		契約内容の見直し				
26		不適切な随契理由				
27		指名委員会に関する問題				
28		不適切な契約履行				
29		収入印紙の誤り等				
30	資産等の管理	備品の不十分な管理				
31		郵券の不十分な管理				
32		現金の不十分な管理				
33		施設の不十分な管理				
34		その他資産の不十分な管理				
35	法令、ルール等に抵触	法令、ルール等に抵触				
36	内部統制に関する不備	内部統制に関する不備				
37	市民サービス	非効率な窓口サービス				
38	行政管理	情報セキュリティー				
39		職員の不正申告				
40	個々の事務事業に潜むリスク	個々の事務事業に潜むリスク				

リスク項目ごとの主な具体例は、以下のとおりとなります。

①予算関係（共通）

項目	具体例
会計区分の誤り	一般会計と特別会計の区分誤り
会計年度の誤り	誤った年度での収入・支出
予算編成上の問題	多額の流用、二重補助、補正予算の議会上程漏れ
予算科目上の問題	細節科目の設定誤り、矛盾など
経費設定上の問題	設計、見積り時の不十分なチェック、精査など

②収入関係

項目	具体例
不適切な調定手続	調定漏れ、前年度収入未済額の不適切な繰越など
不適正な徴収手続	過誤納金の還付手続、消込誤り、漏れ、遅延など
滞納・時効関係	時効の起算点誤り、消滅債権の未整理など
過大計上	過大徴収、還付の過払いなど
過少計上	過少徴収

③支出関係

項目	具体例
不適切な予算執行	私的購入、年度末の予算消化、物品の差替え、二重支払（バス代とタクシー代の重複）など
不適切な支給手続	資金前渡、概算払による場合の不適切な精算、資金前渡による現金の保管、支払方法の見直しなど
過大計上	予算書や要綱等で定める金額以上の支出など
過少計上	予算書や要綱等で定める金額未満の支出など
実績報告等の未確認	補助金、負担金、交付金、政務活動費、委託料等の使途不明、実績報告等の不備など
支払遅延	請求日から30日以上を経過した委託、請求日から40日以上を経過した工事、その他原因発生からかなりの時間が経過した支払、還付の遅れなど

④事務関係

項目	具体例
入力ミス	財務会計システムへの入力ミス、二重入力、誤った予算科目からの執行など
不適切な決裁行為	契約課を通さない物品購入（事後承認）、不適切な決裁権者（部長印、課長印等）など
行政手続上のミス	申請に対する審査基準違反、施設の減免基準違反など
起票時期のミス	支出負担行為伺いの起案の遅れ（前年度繰越事業の忘却など）、請求日より早い支出命令書の起案など
文書関係の不備	検収漏れ、公印の押印漏れ、鉛筆書き・消せるボールペン使用、職員による手書き、申請書の日付矛盾など
事務の効率化	支出負担行為兼支出命令への変更など

⑤契約関係

項目	具体例
恣意的な分割	入札を免れるために分割された業務委託（50万円以上）、工事請負（130万円以上）、消耗品（5万円以上）など
契約書等の不備	契約書の日付空欄、割印なし、市長印漏れ、契約内容の誤り、見積書・随契理由書等関係書類の未整理など
契約内容の見直し	長期継続契約への見直し、支払回数の見直し、支払時期の見直しなど
不適切な随契理由	研修講師の決定方法、偏った業者からの物品購入など
指名委員会に関する問題	付議が必要であった部・課指名委員会、議事録がない部・課指名委員会など
不適切な契約履行	契約日前の着工、契約書と違った履行、入札忘れ、契約未締結の予算執行、完成届（請求書）の遅れなど
収入印紙の誤り等	印紙漏れ、金額不足、誤貼付など

⑥資産等の管理

項目	具体例
備品の不十分な管理	備品台帳の未整備、備品台帳への未入力など
郵券の不十分な管理	郵券と受払簿の不一致、必要以上の郵券購入、レターパックの不十分な管理など
現金の不十分な管理	現金の紛失など
施設の不十分な管理	市施設の管理上の不備、耐震化、警備体制、老朽化等など
その他資産の不十分な管理	土地、普通財産、公用車等の不十分な財産管理など

⑦法令、ルール等に抵触

項目	具体例
法令、ルール等に抵触	条例、規則、要綱、要領等の未整備、例規とは違った事務の運用など

⑧内部統制に関する不備

項目	具体例
内部統制に関する不備	例規管理、文書管理、契約事務等に関する全庁的統制など

⑨市民サービス

項目	具体例
非効率な窓口サービス	待ち時間の長さ、○○事務のワンストップへの編入など

⑩行政管理

項目	具体例
情報セキュリティー	機密情報の漏洩・紛失、システムダウンなど
職員の不正申告	勤務時間の過大報告、手当の過大報告など

⑪個々の事務事業に潜むリスク

項目	具体例
個々の事務事業に潜むリスク	上記のリスクに分類できないその他のリスク

3 リスクの評価の仕方

　次の表4-2のようにリスクの種類に応じて、発生頻度を「多」「中」「少」に、影響度を「大」「中」「小」の3つに分類して評価します。

　その後、分類した結果をマトリックス上にプロットし、図4-1のようなリスクマップを作成します。

　そして、図4-2のリスクマップで定める優先順位を基にして重点すべき監査項目（次年度の監査計画にも反映）を設定し、定期監査等を実施していきます。

表4-2　発生頻度と影響度の評価

発生頻度	多	定期監査または決算審査のいずれかで、○を超える組織で発生している
	中	定期監査または決算審査のいずれかで、○以下の組織で発生している
	少	ほとんど見られない
影響度	大	市役所だけでなく、市民に影響を及ぼす
	中	課内だけでなく、市役所全体に影響を及ぼす
	小	課内で影響が収まる

※○には数字が入ります。（例：10を超える組織、10以下の組織等）

該当した項目に改善指示の件数を入力

	リスク種類			監査等の処置結果		固有リスク評価	
	大項目	小項目	例	H25決算	H26定期等	発生頻度	影響度
1	予算関係（共通）	会計区分の誤り	一般会計と特別会計の区分誤り			少	大
2		会計年度の誤り	誤った年度での収入・支出（収入漏れ、支出漏れを含む。）			少	大
3		予算編成上の問題	多額の流用、予算額の妥協性、二重補助、補正予算の議会上程なし、予算編成の見直し	⑤	①	中	中
4		予算科目上の問題	予算科目の設定誤り、細節の再検討	⑦	②	多	中
4		経費設定上の問題	設計、見積り時の不十分なチェック、精査				
5	収入関係	不適切な調定手続	調定漏れ、調定額の算定誤り、前年度収入未済額の不適切な繰越	①		中	中
6		不適正な徴収手続	延納・分納・徴収停止の措置、過誤納金の還付手続、消込誤り、漏れ、遅延	①		中	大
7		滞納・時効関係	時効の起算点誤り、消滅債権の未整理、滞納者に対する督促			少	大
8		過大計上	過大徴収、還付の過払い		①	中	大
9		過少計上	過少徴収			少	大

「多」「中」「少」を入力　　「大」「中」「小」を入力

114

図4-1　リスクマップの具体例

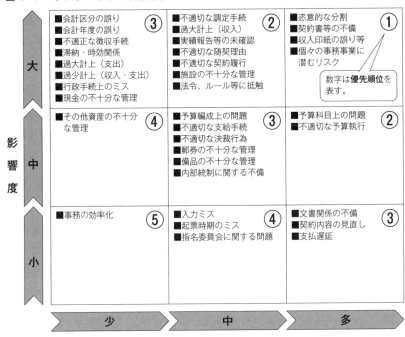

図4-2　重点監査項目を設定した監査調書

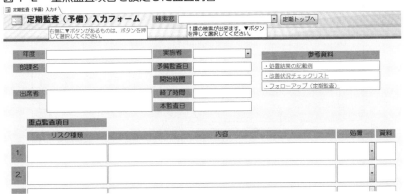

Ⅱ 行政評価と連動した行政監査

　行政監査については、実施するかどうかの基準も特段定められておらず、その手法も明確に定められていないため、定期監査の中で行政監査を行ったり、テーマを定めて単独で行政監査を行ったりするなど、自治体によってさまざまというのが実態です。

　ここでは、行政評価と連動した行政監査を行いながら、今後の業務を進める上で参考となるようなコンサルティング的な監査を実施している静岡県富士市の事例を紹介します。⁽¹⁾

　行政評価と行政監査がどのように連動しているのかを図式化したものが図4-3になります。

図4-3　行政評価と連動した行政監査の流れ

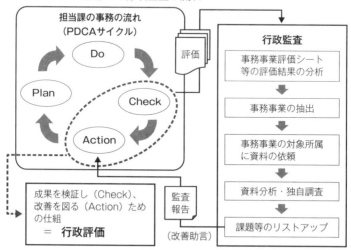

(1) 拙稿「ケーススタディでみるVFMの分析（上）（下）～行政評価と連動した監査の実践～」『地方財務』2013年6月号・7月号（ぎょうせい）、一部加筆修正

1　対象となる事務事業の抽出

　まず始めに、行政監査の対象となる事務事業は、事務事業評価の評価結果を参考に抽出します。事務事業の抽出に当たっては、主に次の5つの視点で事務事業評価の評価結果をチェックします。対象とする期間は、前年度に執行されたものを基本としますが、課題の検証が必要な場合は、さらに過去に遡り、確認することにしています。

---

①　市民の安全を脅かすような重大なリスクが潜在するもの

②　市民の生活に影響を及ぼすようなもの

③　目標の達成度合いが低調なもの

④　行政内部の統制活動に問題があるもの

⑤　その他総合的な視点から監査が必要であると判断したもの

　その後、監査委員事務局で選んだ事務事業の候補は、監査委員に提示し、最終的に決定されます。

2　監査の方法

　監査の実施方法は、10月頃から年度末にかけて、定期監査（財務監査）とは別に実施しています。定期監査と併せて行政監査を実施すれば、能率的で少ない人数でも行えるというメリットはありますが、この方法であれば、定期監査で調べ切れなかった部分を行政監査で補うことができるようになります。

　例えば、定期監査などは個々の部署を対象に実施しているため、あらゆる組織に横断するような課題があった場合でも、その部署に対しての単発的な指導で終わってしまい、根本的な問題解決に至らないケースがあります。また、監査の具体的な手続は、監査の対象となっている事項の全部を精密に調査する「精査」ではなく、一部を抽出・調査し、その結果から全体の正否等を判断する「試査」を原則としてい

ます。そのため、定期監査などで十分に調べられなかった部分に重点を置いた分析も可能となります。

　その他にも、単独の監査であれば、富士市の通常の定期監査の期間（3か月）よりも多く時間をかけることができ、他都市への調査を踏まえたベンチマーキング分析なども可能となります。

3　監査の結果

　監査委員事務局の職員による事務事業の分析や調査が終わると、その結果を監査委員に報告し、監査委員による評価が行われます。評価の方法は、**5つの着眼点（経済性、効率性、有効性、合規性、正確性）**ごとに、次の評点内容で評価が行われます。

評　点		内　　容
5	優れている	先進的で、極めて優れている。
4	やや優れている	適切に行われ、良好な結果が見られる。
3	普通	概ね妥当である。
2	やや劣っている	少し問題があり、改善の余地がある。
1	劣っている	色々な問題が散見し、大幅な改善が必要である。

　この監査委員による評価結果と担当部署が自己評価した評価結果を図4-4のようにレーダーチャートで対比し、5つの着眼点ごとに判断の根拠や改善に必要な助言等を行います。

　富士市の特徴の一つでもあるのですが、意見については、監査により事務事業が適切に執行されていることを確認するだけでなく、業務の改善につながるようなコンサルティング的な意見を心掛けています。

図4-4　担当課評価と監査委員評価の比較結果（例）

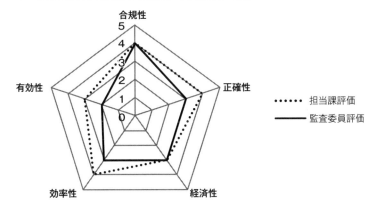

・・・・・　担当課評価
───　監査委員評価

図4-5　H26行政監査結果報告書（一部抜粋）

「文化会館における芸術文化活動の振興」

平成21年度と平成25年度の本市の人口と年間利用者数の相関関係を見ると、次のグラフのとおり、年間利用者数は、概ね年代別の人口増減に応じて、増減しているのがわかる。

また、50歳代の人口が減少しているのに対して、年間利用者数は増加している状況である。

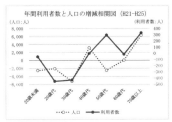

分析

以上、年代別の年間利用者数を本市の人口に照らして分析してみると、40歳代と60歳代は人口が増加しているにも関わらず、利用者数は減少しているので、うまく利用者を取り込めていないことがわかる。

それに対して、50歳代は人口が減少しているにも関わらず、年間利用者数は増加していることから、50歳代が好むような事業が多く展開されたことが考えられる。

現在、本市では、若い世代(15〜39歳)の人口減少という課題を抱え、様々な取組みが行われている。文化を通して活力ある地域社会を築く上からも、20歳代や30歳代の者が魅力を感じ、鑑賞してみたいと思うような事業をより一層展開されることを望む。

コンサルティング的な助言

（出典）静岡県富士市HP「平成26年度行政監査報告書」参照、http://www.city.fuji.shizuoka.
jp/shisei/c1801/fmervo00000027kz-att/fmervo000001htgv.pdf

4 　行政評価と行政監査を通した互恵関係の構築

（1）内部統制的な機能を果たす行政評価

　監査を実施する上で、監査の対象となっている事項のすべてを精密に調査することは時間的にも、コスト的にも困難なところがあります。それ故に、事業の一部を抽出して調査し、その結果によって全体の成否等を判断する「試査」が監査の仕方の主流となっています。しかし、その試査の範囲を決定する際には「内部統制」が有効に機能しているかどうかが重要になってきます。

　内部統制は、民間では粉飾決算や偽装表示などの不祥事への対応ということで企業経営のキーワードになっている概念です。具体的には、次の４つの目的が達成されているかを合理的に保証するために、組織内のすべての者が行うチェックプロセスとされています。

---

① 　業務の有効性および効率性

② 　財務報告の信頼性

③ 　事業活動に関わる法令等の遵守

④ 　資産の保全

　さらに、民間においては、この内部統制が有効であるかどうかを評価するために「内部監査」が行われています。

　実は、行政評価と行政監査の関係は、その内部統制と内部監査の関係に近いものがあります。それは、内部統制の４つの目的の一つである「業務の有効性および効率性」は、業務の達成度や資源（人・金など）の合理的な利用を図るものであることから、行政評価の目的にも通じるものがあります。それ故に、行政評価のような仕組みは、内部統制の一つの管理手続に当たることがわかります。

　そして、内部統制の評価として内部監査が求められるように、行政評価も自己申告型の業務評価に相当することから、業務プロセスから

離れた独立的な組織による客観的な評価が求められます。その評価を
監査部門で担うというのは、民間企業だけでなく、行政においても当
てはまる構図です。

　行政評価の評価結果を参考にすることで、課題のある事業が明確に
なれば、より重点的に行政監査を実施することができるようになりま
す。

　また、その行政評価の信頼性や評価の精度が高ければ、抽出する監
査の対象範囲も絞られ、より効率的かつ効果的に監査することが可能
となります。

　特に、人口規模が10万人以下の自治体においては、監査委員事務
局の職員数が2～3人であったり、他の部署との兼任になっている場
合も見られ、十分な監査を行うことが難しい面があります。

　行政評価や行政改革を所管する部門が内部統制の司令塔的な役割を
担い、互いの連携を深めれば、より効率的な監査につなげることも期
待できます。

（2）行政評価の補完的役割を果たす行政監査

　行政評価を導入して、成果を重視した行政運営にしていこうという
取組は、従来から行われてきた予算の投入統制を転換させる大きな変
革であったということができます。

　実際、自治体がもつ数多くの事業には、事業の規模や期間の記載は
あっても、どのくらいの効果があるのかを定量的に明記することがあ
まり見られませんでした。例えば、道路を何km整備する、橋をいくつ
架けるなどは明示してあっても、その結果、交通事故がどの程度減少す
るのか、通勤時の渋滞がどのように緩和されるのかなどの成果を検証す
ることは少なかったと言えます。また、提供した行政サービスを住民が
どう捉え、どの程度満足しているかを調査することもありませんでした。

　行政評価で成果を検証することは、住民の満足度を把握することにもつながり、重要な役割を担っています。しかし、実際に行政評価を導入してみると、「成果を測るための適当な指標がない」「数値を測ることができない」などの課題が出てきます。

　また、行政評価の評価シートは、コンパクトに定型化されたものであるため、評価結果も要約的な情報になりがちで、真の問題点を捉えるような詳細な情報を提供できないところがあります。

　そこで、行政監査が行政評価を補完するような形で連動が図れると、行政評価の課題を補いながら、より詳細な事業分析もでき、業務の改善向上につなげることができます。その上、行政評価と行政監査の役割分担も明確になり、マネジメント機能の強化にもつながります。

　自治体の中には、評価の客観性を向上させるために、第三者による外部評価や事業仕分け等の手法を導入しているところもあります。しかし、ここで注意しておかなければならないのは、評価が第三者自身の価値観や信念で行われる可能性があるという点です。外部評価等を導入している自治体のすべてに当てはまるということではありません

図4-6　行政監査と行政評価の関係

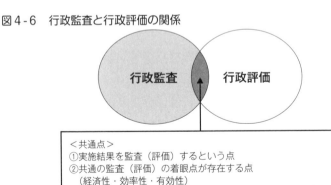

行政監査と行政評価は密接な関係を持つ

が、そのような評価になってしまうと事態を混乱させるだけで、有益なものにはなりません。

　評価者の選択には十分注意する必要がありますが、その点、監査委員の監査は、監査委員の補助を自治体職員が行っていることもあり、多岐にわたる行政分野の実務を複数経験していることが多いのが特徴です。独立的な立場で指導や助言を与えることが監査の役割の一つでもあるため、幅広い知識と高度な分析力を備えれば、コンサルティング的な意見も十分に可能となります。

　現在、行政評価と行政監査の実施は、法律的に義務づけられておらず、実施するかどうかの判断は各自治体に任せられています。

　そのため、行政監査を実施せずに行政評価のみを実施しているケース、またはその逆のケース、さらには行政評価と行政監査の両方を実施しているケースなど、自治体によってさまざまな状況が生じてしまっています。

　それぞれのケースの課題を、以下のように整理しました。

---

① 　行政監査を実施せず、行政評価（外部評価を導入していない行政評価）のみを実施している場合

➡評価の客観性という点で難があり、自己の都合に合わせた目標値の設定が可能など、評価が甘くなりやすくなります。また、評価結果も要約的な情報になりがちで、真の問題点を把握するような詳細な情報になっていない場合もあります。

② 　行政評価を実施せず、行政監査のみを実施している場合

➡監査を行うことができる事業数に限界があります。より多くの事業を監査するためには、一定規模の人数や組織体制の充実が必要です。

　行政評価（特に事務事業評価）のように、毎年度、すべての事業をチェックするためには、職員数が少ない小規模の自治体には非常に困難です。

---

③ 行政評価と一体で行政監査を実施しているような場合
➡監査部門が行政評価（内部統制）の構築に関わると、自らが構築したものを自らが監査する自己監査になり、独立性に違反するという指摘もあるので注意する必要があります。

④ 評価の客観性を高めるために、第三者による外部評価を行政評価に導入している場合
➡行政監査を行う必要性があるのかという課題があります。事前に評価（監査）する事業が重複しないように調整することも考えられますが、行政評価と行政監査の役割分担を明確にしておくことが重要になってきます。

　このように、監査を実施する上で、監査の対象となっているすべての事項を細かくチェックしていくことは、限られた人数や時間の中では難しい面があります。そうなると、あらかじめ優先的に取り組むべきテーマを決めて監査を行った方がより効率的かつ効果的になります。

　その点で、行政評価というチェック機能があることは、とても意義があります。

　執行部門のチェック機関と監査部門の連携が深まれば、限られた資源の中でよりマネジメント機能を高めることが期待できます。

　しかし、実態は、理想的な連携が築かれているという自治体はあまりありません。特に、内部統制という概念は、自治体職員にはまだ馴染みの薄いものであり、事務分掌として内部統制を明記する自治体は、ごく一部に留まります。今後、監査の結果を業務の改善等に活かしていくためには、内部統制を所管する部門の設置は必要条件であり、監査で指摘を受けたことがどのように処理され、改善に結びつけられたかを執行部門でもチェックしていくことが重要になってきます。

　そして、行政の仕事は、法令等による縛りを強く受けているため、

適切に準拠するあまり、非効率な行政活動をせざるを得ない面があります。

　また、改善が必要であると頭の中では認識していても、変えることによって生じるリスクや、内規（要綱）等の改正にかかる手間などが原因で、改善に消極的になってしまう一面もあります。そのような中、監査を通しての指摘や助言は、改善を促すきっかけの一つとして期待できます。

　3Eにも置き換えられるVFMに関する分析は、まだまだ発展途上の段階にあります。それだからこそ、VFMの分析向上を執行部門だけの至上命題にせず、監査のコンサルティング（助言）機能も十分に活用することが、これからの自治体マネジメントの強化を図る上ではとても重要になります。監査委員事務局においても、**担当部署が把握できていないことを示さなければ、改善には結びつかない**ということを心に留めながら、分析能力のさらなる向上を目指すことが求められます。

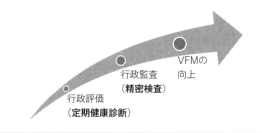

行政評価と行政監査の関係

　行政評価は指標等を用いて業務全体を広く浅く評価し、その達成度合いなどを常時チェックするもの

　行政監査は特定の事業を深く掘り下げて調査・検証し、改善のための助言を行うもの

VFMの
向上

行政監査
（**精密検査**）

行政評価
（**定期健康診断**）

第 5 章

業務お役立ち情報

押さえておきたい法規

※掲載している法令の内容は、平成29年11月時点のものです。

1 地方自治法

（1）住民の直接請求に基づく監査に関する規定

（監査の請求とその処置）　　　　地方自治法施行令99条

第75条　選挙権を有する者（道の方面公安委員会については、当該方面公安委員会の管理する方面本部の管轄区域内において選挙権を有する者）は、**政令**で定めるところにより、その総数の50分の1以上の者の連署をもつて、その代表者から、普通地方公共団体の監査委員に対し、当該普通地方公共団体の事務の執行に関し、監査の請求をすることができる。

2　前項の請求があつたときは、監査委員は、直ちに当該請求の要旨を公表しなければならない。

3　監査委員は、第1項の請求に係る事項につき監査し、監査の結果に関する報告を決定し、これを同項の代表者（第5項及び第6項において「代表者」という。）に送付し、かつ、公表するとともに、これを当該普通地方公共団体の議会及び長並びに関係のある教育委員会、選挙管理委員会、人事委員会若しくは公平委員会、公安委員会、地方労働委員会、農業委員会その他法律に基づく委員会又は委員に提出しなければならない。

4　前項の規定による監査の結果に関する報告の決定は、監査委員の合議によるものとする。

5　監査委員は、第3項の規定による監査の結果に関する報告の決定について、各監査委員の意見が一致しないことにより、前項の合議

により決定することができない事項がある場合には、その旨及び当該事項についての各監査委員の意見を代表者に送付し、かつ、公表するとともに、これらを当該普通地方公共団体の議会及び長並びに関係のある教育委員会、選挙管理委員会、人事委員会若しくは公平委員会、公安委員会、労働委員会、農業委員会その他法律に基づく委員会又は委員に提出しなければならない。

6　第74条第5項の規定は第1項の選挙権を有する者及びその総数の50分の1の数について、同条第6項の規定は代表者について、同条第7項から第9項まで及び第74条の2から前条までの規定は第1項の規定による請求者の署名について、それぞれ準用する。この場合において、第74条第6項第3号中「区域内」とあるのは、「区域内（道の方面公安委員会に係る請求については、当該方面公安委員会の管理する方面本部の管轄区域内）」と読み替えるものとする。

（平成32年4月1日施行）

（2）議会の議決事項に関する規定

（議決事件）

第96条　普通地方公共団体の議会は、次に掲げる事件を議決しなければならない。

(1)　条例を設け又は改廃すること。

(2)　予算を定めること。

(3)　決算を認定すること。

(4)　法律又はこれに基づく政令に規定するものを除くほか、地方税の賦課徴収又は分担金、使用料、加入金若しくは手数料の徴収に関すること。

(5) その種類及び金額について**政令**で定める基準に従い条例で定める契約を締結すること。 地方自治法施行令121条の２第１項

(6) 条例で定める場合を除くほか、財産を交換し、出資の目的とし、若しくは支払手段として使用し、又は適正な対価なくしてこれを譲渡し、若しくは貸し付けること。

(7) 不動産を信託すること。 地方自治法施行令121条の２第２項

(8) 前２号に定めるものを除くほか、その種類及び金額について**政令**で定める基準に従い条例で定める財産の取得又は処分をすること。

(9) 負担付きの寄附又は贈与を受けること。

(10) 法律若しくはこれに基づく政令又は条例に特別の定めがある場合を除くほか、権利を放棄すること。

(11) 条例で定める重要な公の施設につき条例で定める長期かつ独占的な利用をさせること。

(12) 普通地方公共団体がその当事者である審査請求その他の不服申立て、訴えの提起（普通地方公共団体の行政庁の処分又は裁決（行政事件訴訟法第３条第２項に規定する処分又は同条第３項に規定する裁決をいう。以下この号、第105条の２、第192条及び第199条の３第３項において同じ。）に係る同法第11条第１項（同法第38条第１項（同法第43条第２項において準用する場合を含む。）又は同法第43条第１項において準用する場合を含む。）の規定による普通地方公共団体を被告とする訴訟（以下この号、第105条の２、第192条及び第199条の３第３項において「普通地方公共団体を被告とする訴訟」という。）に係るものを除く。）、和解（普通地方公共団体の行政庁の処分又は裁決に係る普通地方公共団体を被告とする訴訟に係るものを除く。）、あつせん、調停及び仲裁に関すること。

⒀　法律上その義務に属する損害賠償の額を定めること。

⒁　普通地方公共団体の区域内の公共的団体等の活動の総合調整に
関すること。

⒂　その他法律又はこれに基づく政令（これらに基づく条例を含
む。）により議会の権限に属する事項

2　前項に定めるものを除くほか、普通地方公共団体は、条例で普通
地方公共団体に関する事件（法定受託事務に係るものにあつては、
国の安全に関することその他の事由により議会の議決すべきものと
することが適当でないものとして政令で定めるものを除く。）につ
き議会の議決すべきものを定めることができる。

（3）議会からの請求に基づく監査に関する規定

（検査及び監査の請求）

第98条　普通地方公共団体の議会は、当該普通地方公共団体の事務
（自治事務にあつては労働委員会及び収用委員会の権限に属する事
務で政令で定めるものを除き、法定受託事務にあつては国の安全を
害するおそれがあることその他の事由により議会の検査の対象とす
ることが適当でないものとして政令で定めるものを除く。）に関す
る書類及び計算書を検閲し、当該普通地方公共団体の長、教育委員
会、選挙管理委員会、人事委員会若しくは公平委員会、公安委員会、
労働委員会、農業委員会又は監査委員その他法律に基づく委員会又
は委員の報告を請求して、当該事務の管理、議決の執行及び出納を
検査することができる。

2　議会は、監査委員に対し、当該普通地方公共団体の事務（自治事務
にあつては労働委員会及び収用委員会の権限に属する事務で政令で

定めるものを除き、法定受託事務にあつては国の安全を害するおそれがあることその他の事由により本項の監査の対象とすることが適当でないものとして政令で定めるものを除く。）に関する監査を求め、監査の結果に関する報告を請求することができる。この場合における監査の実施については、第199条第2項後段の規定を準用する。

（4）内部統制に関する規定

第150条 都道府県知事及び第252条の19第1項に規定する指定都市（以下この条において「指定都市」という。）の市長は、その担任する事務のうち次に掲げるものの管理及び執行が法令に適合し、かつ、適正に行われることを確保するための方針を定め、及びこれに基づき必要な体制を整備しなければならない。

⑴ 財務に関する事務その他総務省令で定める事務

⑵ 前号に掲げるもののほか、その管理及び執行が法令に適合し、かつ、適正に行われることを特に確保する必要がある事務として当該都道府県知事又は指定都市の市長が認めるもの

2 市町村長（指定都市の市長を除く。第2号及び第4項において同じ。）は、その担任する事務のうち次に掲げるものの管理及び執行が法令に適合し、かつ、適正に行われることを確保するための方針を定め、及びこれに基づき必要な体制を整備するよう努めなければならない。

⑴ 前項第1号に掲げる事務

⑵ 前号に掲げるもののほか、その管理及び執行が法令に適合し、かつ、適正に行われることを特に確保する必要がある事務として当該市町村長が認めるもの

3　都道府県知事又は市町村長は、第1項若しくは前項の方針を定め、又はこれを変更したときは、遅滞なく、これを公表しなければならない。

4　都道府県知事、指定都市の市長及び第2項の方針を定めた市町村長（以下この条において「都道府県知事等」という。）は、毎会計年度少なくとも1回以上、総務省令で定めるところにより、第1項又は第2項の方針及びこれに基づき整備した体制について評価した報告書を作成しなければならない。

5　都道府県知事等は、前項の報告書を監査委員の審査に付さなければならない。

6　都道府県知事等は、前項の規定により監査委員の審査に付した報告書を監査委員の意見を付けて議会に提出しなければならない。

7　前項の規定による意見の決定は、監査委員の合議によるものとする。

8　都道府県知事等は、第6項の規定により議会に提出した報告書を公表しなければならない。

9　前各項に定めるもののほか、第1項又は第2項の方針及びこれに基づき整備する体制に関し必要な事項は、総務省令で定める。

（平成32年4月1日施行）

第160条　一部事務組合の管理者（第287条の3第2項の規定により管理者に代えて理事会を置く第285条の一部事務組合にあつては、理事会）又は広域連合の長（第291条の13において準用する第287条の3第2項の規定により長に代えて理事会を置く広域連合にあつては、理事会）に係る第150条第1項又は第2項の方針及びこれに基づき整備する体制については、これらの者を市町村長（第252条の19第1項に規定する指定都市の市長を除く。）とみなして、第150条第2項から第9項までの規定を準用する。

（平成32年4月1日施行）

（5）監査委員の設置根拠、定数に関する規定

（監査委員の設置及び定数）　　　　　地方自治法施行令140条の2

第195条　普通地方公共団体に監査委員を置く。

2　監査委員の定数は、都道府県及び**政令**で定める市にあつては４人とし、その他の市及び町村にあつては２人とする。ただし、条例でその定数を増加することができる。

（6）監査委員の選任、兼職に関する規定

（選任及び兼職の禁止）

第196条　監査委員は、普通地方公共団体の長が、議会の同意を得て、人格が高潔で、普通地方公共団体の財務管理、事業の経営管理その他行政運営に関し優れた識見を有する者（議員である者を除く。以下この款において「識見を有する者」という。）及び議員のうちから、これを選任する。ただし、条例で議員のうちから監査委員を選任しないことができる。

2　識見を有する者のうちから選任される監査委員の数が２人以上である普通地方公共団体にあつては、少なくともその数から１を減じた人数以上は、当該普通地方公共団体の職員で**政令**で定めるものでなかつた者でなければならない。

地方自治法施行令140条の3

3　監査委員は、地方公共団体の常勤の職員及び短時間勤務職員と兼ねることができない。

4　識見を有する者のうちから選任される監査委員は、常勤とすることができる。

地方自治法施行令140条の4

5　都道府県及び**政令**で定める市にあつては、識見を有する者のうちから選任される監査委員のうち少なくとも１人以上は、常勤としな

　　ければならない。

6　議員のうちから選任される監査委員の数は、都道府県及び前条第
　2項の政令で定める市にあつては2人又は1人、その他の市及び町
　村にあつては1人とする。

（平成30年4月1日施行）

（7）監査委員の服務に関する規定

（服務）

第198条の3　監査委員は、その職務を遂行するに当たつては、法令
　に特別の定めがある場合を除くほか、監査基準（法令の規定により
　監査委員が行うこととされている監査、検査、審査その他の行為
　（以下この項において「監査等」という。）の適切かつ有効な実施を
　図るための基準をいう。次条において同じ。）に従い、常に公正不
　偏の態度を保持して、監査等をしなければならない。

2　監査委員は、職務上知り得た秘密を漏らしてはならない。その職
　を退いた後も、同様とする。

（平成32年4月1日施行）

（8）監査基準に関する規定

第198条の4　監査基準は、監査委員が定めるものとする。

2　前項の規定による監査基準の策定は、監査委員の合議によるもの
　とする。

3　監査委員は、監査基準を定めたときは、直ちに、これを普通地方
　公共団体の議会、長、教育委員会、選挙管理委員会、人事委員会又

は公平委員会、公安委員会、労働委員会、農業委員会その他法律に基づく委員会及び委員に通知するとともに、これを公表しなければならない。

4　前2項の規定は、監査基準の変更について準用する。

5　総務大臣は、普通地方公共団体に対し、監査基準の策定又は変更について、指針を示すとともに、必要な助言を行うものとする。

（平成32年4月1日施行）

（9）監査の種類に関する規定

（職務権限）　　　　　　　　　　　　　　　　　　　　行政監査

第199条　監査委員は、普通地方公共団体の財務に関する事務の執行及び普通地方公共団体の経営に係る事業の管理を監査する 。

2　監査委員は、前項に定めるもののほか、必要があると認めるときは、普通地方公共団体の事務（自治事務にあつては労働委員会及び収用委員会の権限に属する事務で政令で定めるものを除き、法定受託事務にあつては国の安全を害するおそれがあることその他の事由により監査委員の監査の対象とすることが適当でないものとして政令で定めるものを除く。）の執行について監査をすることができる。この場合において、当該監査の実施に関し必要な事項は、政令で定める。

3　監査委員は、第1項又は前項の規定による監査をするに当たつては、当該普通地方公共団体の財務に関する事務の執行及び当該普通地方公共団体の経営に係る事業の管理又は同項に規定する事務の執行が**第2条第14項及び第15項**の規定の趣旨にのつとつてなされて

> ⑭地方公共団体は、その事務を処理するに当つては、住民の福祉の増進に努めるとともに、最少の経費で最大の効果を挙げるようにしなければならない。
> ⑮地方公共団体は、常にその組織及び運営の合理化に努めるとともに、他の地方公共団体に協力を求めてその規模の適正化を図らなければならない。

いるかどうかに、特に、意を用いなければならない。

4　監査委員は、毎会計年度少なくとも１回以上期日を定めて第１項の規定による監査をしなければならない。

定期監査

5　監査委員は、前項に定める場合のほか、必要があると認めるときは、いつでも第１項の規定による監査をすることができる。

随時監査

6　監査委員は、当該普通地方公共団体の長から当該普通地方公共団体の事務の執行に関し監査の要求があつたときは、その要求に係る事項について監査をしなければならない。

財政援助団体等監査

7　監査委員は、必要があると認めるとき、又は普通地方公共団体の長の要求があるときは、当該普通地方公共団体が補助金、交付金、負担金、貸付金、損失補償、利子補給その他の財政的援助を与えているものの出納その他の事務の執行で当該財政的援助に係るものを監査することができる。当該普通地方公共団体が出資しているもので政令で定めるもの、当該普通地方公共団体が借入金の元金又は利子の支払を保証しているもの、当該普通地方公共団体が受益権を有する信託で政令で定めるものの受託者及び当該普通地方公共団体が第244条の２第３項の規定に基づき公の施設の管理を委託しているものについても、同様とする。

8　監査委員は、監査のため必要があると認めるときは、関係人の出頭を求め、若しくは関係人について調査し、若しくは関係人に対し帳簿、書類その他の記録の提出を求め、又は学識経験を有する者等から意見を聴くことができる。

9　監査委員は、第98条第２項の請求若しくは第６項の要求に係る事項についての監査又は第１項、第２項若しくは第７項の規定による監査について、監査の結果に関する報告を決定し、これを普通地方公共団体の議会及び長並びに関係のある教育委員会、選挙管理委員

地方自治法施行令140条の７①　　　　　地方自治法施行令140条の７③

137

会、人事委員会若しくは公平委員会、公安委員会、労働委員会、農業委員会その他法律に基づく委員会又は委員に提出するとともに、これを公表しなければならない。

10 監査委員は、監査の結果に基づいて必要があると認めるときは、当該普通地方公共団体の組織及び運営の合理化に資するため、第75条第3項又は前項の規定による監査の結果に関する報告に添えてその意見を提出することができる。この場合において、監査委員は、当該意見の内容を公表しなければならない。

11 監査委員は、第75条第3項の規定又は第9項の規定による監査の結果に関する報告のうち、普通地方公共団体の議会、長、教育委員会、選挙管理委員会、人事委員会若しくは公平委員会、公安委員会、労働委員会、農業委員会その他法律に基づく委員会又は委員において特に措置を講ずる必要があると認める事項については、その者に対し、理由を付して、必要な措置を講ずべきことを勧告することができる。この場合において、監査委員は、当該勧告の内容を公表しなければならない。

12 第9項の規定による監査の結果に関する報告の決定、第10項の規定による意見の決定又は前項の規定による勧告の決定は、監査委員の合議によるものとする。

13 監査委員は、第9項の規定による監査の結果に関する報告の決定について、各監査委員の意見が一致しないことにより、前項の合議により決定することができない事項がある場合には、その旨及び当該事項についての各監査委員の意見を普通地方公共団体の議会及び長並びに関係のある教育委員会、選挙管理委員会、人事委員会若しくは公平委員会、公安委員会、労働委員会、農業委員会その他法律に基づく委員会又は委員に提出するとともに、これらを公表しなけ

ればならない。

14　監査委員から第75条第3項の規定又は第9項の規定による監査の結果に関する報告の提出があつた場合において、当該監査の結果に関する報告の提出を受けた普通地方公共団体の議会、長、教育委員会、選挙管理委員会、人事委員会若しくは公平委員会、公安委員会、労働委員会、農業委員会その他法律に基づく委員会若しくは委員は、当該監査の結果に基づき、又は当該監査の結果を参考として措置（次項に規定する措置を除く。以下この項において同じ。）を講じたときは、当該措置の内容を監査委員に通知しなければならない。この場合において、監査委員は、当該措置の内容を公表しなければならない。

15　監査委員から第11項の規定による勧告を受けた普通地方公共団体の議会、長、教育委員会、選挙管理委員会、人事委員会若しくは公平委員会、公安委員会、労働委員会、農業委員会その他法律に基づく委員会又は委員は、当該勧告に基づき必要な措置を講ずるとともに、当該措置の内容を監査委員に通知しなければならない。この場合において、監査委員は、当該措置の内容を公表しなければならない。

（平成32年4月1日施行）

（10）代表監査委員の設置根拠、職務権限等に関する規定

（代表監査委員）

第199条の3　監査委員は、識見を有する者のうちから選任される監査委員の1人（監査委員の定数が2人の場合において、そのうち1人が議員のうちから選任される監査委員であるときは、識見を有す

る者のうちから選任される監査委員）を代表監査委員としなければ
ならない。

2　代表監査委員は、監査委員に関する庶務及び次項又は第242条の
　3第5項に規定する訴訟に関する事務を処理する。

3　代表監査委員又は監査委員の処分又は裁決に係る普通地方公共団
　体を被告とする訴訟については、代表監査委員が当該普通地方公共
　団体を代表する。

4　代表監査委員に事故があるとき、又は代表監査委員が欠けたとき
　は、監査委員の定数が3人以上の場合には代表監査委員の指定する
　監査委員が、2人の場合には他の監査委員がその職務を代理する。

（平成30年4月1日施行）

（11）監査委員事務局の設置根拠に関する規定

（事務局の設置）

第200条　都道府県の監査委員に事務局を置く。

2　市町村の監査委員に条例の定めるところにより、事務局を置くこ
　とができる。

3　事務局に事務局長、書記その他の職員を置く。

4　事務局を置かない市町村の監査委員の事務を補助させるため書記
　その他の職員を置く。

5　事務局長、書記その他の職員は、代表監査委員がこれを任免する。

6　事務局長、書記その他の常勤の職員の定数は、条例でこれを定め
　る。ただし、臨時の職については、この限りでない。

7　事務局長は監査委員の命を受け、書記その他の職員又は第180条
　の3の規定による職員は上司の指揮を受け、それぞれ監査委員に関
　する事務に従事する。

（12）監査専門委員に関する規定

（監査専門委員）

第200条の2　監査委員に常設又は臨時の監査専門委員を置くことができる。

2　監査専門委員は、専門の学識経験を有する者の中から、代表監査委員が、代表監査委員以外の監査委員の意見を聴いて、これを選任する。

3　監査専門委員は、監査委員の委託を受け、その権限に属する事務に関し必要な事項を調査する。

4　監査専門委員は、非常勤とする。

（平成30年4月1日施行）

（13）予算に関する規定

（総計予算主義の原則）

第210条　一会計年度における一切の収入及び支出は、すべてこれを歳入歳出予算に編入しなければならない。

（予算の調製及び議決）

第211条　普通地方公共団体の長は、毎会計年度予算を調製し、年度開始前に、議会の議決を経なければならない。この場合において、普通地方公共団体の長は、遅くとも年度開始前、都道府県及び第252条の19第1項に規定する指定都市にあつては30日、その他の市及び町村にあつては20日までに当該予算を議会に提出するようにしなければならない。

2　普通地方公共団体の長は、予算を議会に提出するときは、政令で定める予算に関する説明書をあわせて提出しなければならない。

（継続費）

第212条 普通地方公共団体の経費をもつて支弁する事件でその履行に数年度を要するものについては、予算の定めるところにより、その経費の総額及び年割額を定め、数年度にわたつて支出することができる。

2 前項の規定により支出することができる経費は、これを継続費という。

（繰越明許費）

第213条 歳出予算の経費のうちその性質上又は予算成立後の事由に基づき年度内にその支出を終わらない見込みのあるものについては、予算の定めるところにより、翌年度に繰り越して使用することができる。

2 前項の規定により翌年度に繰り越して使用することができる経費は、これを繰越明許費という。

（債務負担行為）

第214条 歳出予算の金額、継続費の総額又は繰越明許費の金額の範囲内におけるものを除くほか、普通地方公共団体が債務を負担する行為をするには、予算で債務負担行為として定めておかなければならない。

（予算の内容）

第215条 予算は、次の各号に掲げる事項に関する定めから成るものとする。

(1) 歳入歳出予算

(2) 継続費

(3) 繰越明許費

(4) 債務負担行為

(5)　地方債

(6)　一時借入金

(7)　歳出予算の各項の経費の金額の流用

（歳入歳出予算の区分）

第216条　歳入歳出予算は、歳入にあつては、その性質に従つて款に大別し、かつ、各款中においてはこれを項に区分し、歳出にあつては、その目的に従つてこれを款項に区分しなければならない。

（予備費）

第217条　予算外の支出又は予算超過の支出に充てるため、歳入歳出予算に予備費を計上しなければならない。ただし、特別会計にあつては、予備費を計上しないことができる。

2　予備費は、議会の否決した費途に充てることができない。

（補正予算、暫定予算等）

第218条　普通地方公共団体の長は、予算の調製後に生じた事由に基づいて、既定の予算に追加その他の変更を加える必要が生じたときは、補正予算を調製し、これを議会に提出することができる。

2　普通地方公共団体の長は、必要に応じて、一会計年度のうちの一定期間に係る暫定予算を調製し、これを議会に提出することができる。

3　前項の暫定予算は、当該会計年度の予算が成立したときは、その効力を失うものとし、その暫定予算に基づく支出又は債務の負担があるときは、その支出又は債務の負担は、これを当該会計年度の予算に基づく支出又は債務の負担とみなす。

4　普通地方公共団体の長は、特別会計のうちその事業の経費を主として当該事業の経営に伴う収入をもつて充てるもので条例で定めるものについて、業務量の増加により業務のため直接必要な経費に不

足を生じたときは、当該業務量の増加により増加する収入に相当する金額を当該経費（政令で定める経費を除く。）に使用することができる。この場合においては、普通地方公共団体の長は、次の会議においてその旨を議会に報告しなければならない。

（予算の送付及び公表）

第219条 普通地方公共団体の議会の議長は、予算を定める議決があつたときは、その日から３日以内にこれを当該普通地方公共団体の長に送付しなければならない。

２ 普通地方公共団体の長は、前項の規定により予算の送付を受けた場合において、再議その他の措置を講ずる必要がないと認めるときは、直ちに、その要領を住民に公表しなければならない。

（予算の執行及び事故繰越し）

第220条 普通地方公共団体の長は、政令で定める基準に従つて予算の執行に関する手続を定め、これに従つて予算を執行しなければならない。

２ 歳出予算の経費の金額は、各款の間又は各項の間において相互にこれを流用することができない。ただし、歳出予算の各項の経費の金額は、予算の執行上必要がある場合に限り、予算の定めるところにより、これを流用することができる。

３ 繰越明許費の金額を除くほか、毎会計年度の歳出予算の経費の金額は、これを翌年度において使用することができない。ただし、歳出予算の経費の金額のうち、年度内に支出負担行為をし、避けがたい事故のため年度内に支出を終わらなかつたもの（当該支出負担行為に係る工事その他の事業の遂行上の必要に基づきこれに関連して支出を要する経費の金額を含む。）は、これを翌年度に繰り越して使用することができる。

（予算の執行に関する長の調査権等）

第221条　普通地方公共団体の長は、予算の執行の適正を期するため、委員会若しくは委員又はこれらの管理に属する機関で権限を有するものに対して、収入及び支出の実績若しくは見込みについて報告を徴し、予算の執行状況を実地について調査し、又はその結果に基づいて必要な措置を講ずべきことを求めることができる。

2　普通地方公共団体の長は、予算の執行の適正を期するため、工事の請負契約者、物品の納入者、補助金、交付金、貸付金等の交付若しくは貸付けを受けた者（補助金、交付金、貸付金等の終局の受領者を含む。）又は調査、試験、研究等の委託を受けた者に対して、その状況を調査し、又は報告を徴することができる。

3　前2項の規定は、普通地方公共団体が出資している法人で政令で定めるもの、普通地方公共団体が借入金の元金若しくは利子の支払を保証し、又は損失補償を行う等その者のために債務を負担している法人で政令で定めるもの及び普通地方公共団体が受益権を有する信託で政令で定めるものの受託者にこれを準用する。

（予算を伴う条例、規則等についての制限）

第222条　普通地方公共団体の長は、条例その他議会の議決を要すべき案件があらたに予算を伴うこととなるものであるときは、必要な予算上の措置が適確に講ぜられる見込みが得られるまでの間は、これを議会に提出してはならない。

2　普通地方公共団体の長、委員会若しくは委員又はこれらの管理に属する機関は、その権限に属する事務に関する規則その他の規程の制定又は改正があらたに予算を伴うこととなるものであるときは、必要な予算上の措置が適確に講ぜられることとなるまでの間は、これを制定し、又は改正してはならない。

（14）決算審査に関する規定

（決算）

第233条 会計管理者は、毎会計年度、政令で定めるところにより、決算を調製し、出納の閉鎖後３箇月以内に、証書類その他**政令**で定める書類と併せて、普通地方公共団体の長に提出しなければならない。

2 普通地方公共団体の長は、決算及び前項の書類を監査委員の審査に付さなければならない。

3 普通地方公共団体の長は、前項の規定により監査委員の審査に付した決算を監査委員の意見を付けて次の通常予算を議する会議までに議会の認定に付さなければならない。

4 前項の規定による意見の決定は、監査委員の合議によるものとする。

5 普通地方公共団体の長は、第３項の規定により決算を議会の認定に付するに当たつては、当該決算に係る会計年度における主要な施策の成果を説明する書類その他**政令**で定める書類を併せて提出しなければならない。

6 普通地方公共団体の長は、第３項の規定により議会の認定に付した決算の要領を住民に公表しなければならない。

7 普通地方公共団体の長は、第３項の規定による決算の認定に関する議案が否決された場合において、当該議決を踏まえて必要と認める措置を講じたときは、速やかに、当該措置の内容を議会に報告するとともに、これを公表しなければならない。

（平成30年４月１日施行）

地方自治法施行令166条
歳入歳出決算事項別明細書、
実質収支に関する調書、財産に関する調書

(15) 例月出納検査および指定金融機関等における公金の収納等の監査に関する規定

（現金出納の検査及び公金の収納等の監査）

第235条の2　普通地方公共団体の現金の出納は、毎月例日を定めて監査委員がこれを検査しなければならない。

2　監査委員は、必要があると認めるとき、又は普通地方公共団体の長の要求があるときは、前条の規定により指定された金融機関が取り扱う当該普通地方公共団体の公金の収納又は支払の事務について監査することができる。

3　監査委員は、第1項の規定による検査の結果に関する報告又は前項の規定による監査の結果に関する報告を普通地方公共団体の議会及び長に提出しなければならない。

(16) 基金運用状況審査に関する規定

（基金）

第241条　普通地方公共団体は、条例の定めるところにより、特定の目的のために財産を維持し、資金を積み立て、又は定額の資金を運用するための基金を設けることができる。

2　基金は、これを前項の条例で定める特定の目的に応じ、及び確実かつ効率的に運用しなければならない。

3　第1項の規定により特定の目的のために財産を取得し、又は資金を積み立てるための基金を設けた場合においては、当該目的のためでなければこれを処分することができない。

4　基金の運用から生ずる収益及び基金の管理に要する経費は、それぞれ毎会計年度の歳入歳出予算に計上しなければならない。

5　第1項の規定により特定の目的のために定額の資金を運用するための基金を設けた場合においては、普通地方公共団体の長は、毎会計年度、その運用の状況を示す書類を作成し、これを監査委員の審査に付し、その意見を付けて、第233条第5項の書類と併せて議会に提出しなければならない。

6　前項の規定による意見の決定は、監査委員の合議によるものとする。

7　基金の管理については、基金に属する財産の種類に応じ、収入若しくは支出の手続、歳計現金の出納若しくは保管、公有財産若しくは物品の管理若しくは処分又は債権の管理の例による。

8　第2項から前項までに定めるもののほか、基金の管理及び処分に関し必要な事項は、条例でこれを定めなければならない。

（17）住民監査請求に関する規定

（住民監査請求）

第242条　普通地方公共団体の住民は、当該普通地方公共団体の長若しくは委員会若しくは委員又は当該普通地方公共団体の職員について、違法若しくは不当な公金の支出、財産の取得、管理若しくは処分、契約の締結若しくは履行若しくは債務その他の義務の負担がある（当該行為がなされることが相当の確実さをもつて予測される場合を含む。）と認めるとき、又は違法若しくは不当に公金の賦課若しくは徴収若しくは財産の管理を怠る事実（以下「怠る事実」という。）があると認めるときは、これらを証する書面を添え、監査委員に対し、監査を求め、当該行為を防止し、若しくは是正し、若しくは当該怠る事実を改め、又は当該行為若しくは怠る事実によつて

当該普通地方公共団体の被った損害を補填するために必要な措置を講ずべきことを請求することができる。

2　前項の規定による請求は、当該行為のあつた日又は終わつた日から1年を経過したときは、これをすることができない。ただし、正当な理由があるときは、この限りでない。

3　第1項の規定による請求があつたときは、監査委員は、直ちに当該請求の要旨を当該普通地方公共団体の議会及び長に通知しなければならない。

4　第1項の規定による請求があつた場合において、当該行為が違法であると思料するに足りる相当な理由があり、当該行為により当該普通地方公共団体に生ずる回復の困難な損害を避けるため緊急の必要があり、かつ、当該行為を停止することによつて人の生命又は身体に対する重大な危害の発生の防止その他公共の福祉を著しく阻害するおそれがないと認めるときは、監査委員は、当該普通地方公共団体の長その他の執行機関又は職員に対し、理由を付して次項の手続が終了するまでの間当該行為を停止すべきことを勧告することができる。この場合において、監査委員は、当該勧告の内容を第1項の規定による請求人（以下この条において「請求人」という。）に通知するとともに、これを公表しなければならない。

5　第1項の規定による請求があつた場合には、監査委員は、監査を行い、請求に理由がないと認めるときは、理由を付してその旨を書面により請求人に通知するとともに、これを公表し、当該請求に理由があると認めるときは、当該普通地方公共団体の議会、長その他の執行機関又は職員に対し期間を示して必要な措置を講ずべきことを勧告するとともに、当該勧告の内容を請求人に通知し、かつ、これを公表しなければならない。

6　前項の規定による監査委員の監査及び勧告は、第１項の規定による請求があつた日から60日以内に行わなければならない。

7　監査委員は、第５項の規定による監査を行うに当たつては、請求人に証拠の提出及び陳述の機会を与えなければならない。

8　監査委員は、前項の規定による陳述の聴取を行う場合又は関係のある当該普通地方公共団体の長その他の執行機関若しくは職員の陳述の聴取を行う場合において、必要があると認めるときは、関係のある当該普通地方公共団体の長その他の執行機関若しくは職員又は請求人を立ち会わせることができる。

9　第５項の規定による監査委員の勧告があつたときは、当該勧告を受けた議会、長その他の執行機関又は職員は、当該勧告に示された期間内に必要な措置を講ずるとともに、その旨を監査委員に通知しなければならない。この場合において、監査委員は、当該通知に係る事項を請求人に通知するとともに、かつ、これを公表しなければならない。

10　普通地方公共団体の議会は、第１項の規定による請求があつた後に、当該請求に係る行為又は怠る事実に関する損害賠償又は不当利得返還の請求権その他の権利の放棄に関する議決をしようとするときは、あらかじめ監査委員の意見を聴かなければならない。

11　第４項の規定による勧告、第５項の規定による監査及び勧告並びに前項の規定による意見についての決定は、監査委員の合議によるものとする。

（平成32年４月１日施行）

（18）住民訴訟および訴訟の提起に関する規定

（住民訴訟）

第242条の２　普通地方公共団体の住民は、前条第１項の規定による
請求をした場合において、同条第５項の規定による監査委員の監査
の結果若しくは勧告若しくは同条第９項の規定による普通地方公共
団体の議会、長その他の執行機関若しくは職員の措置に不服がある
とき、又は監査委員が同条第５項の規定による監査若しくは勧告を
同条第６項の期間内に行わないとき、若しくは議会、長その他の執
行機関若しくは職員が同条第９項の規定による措置を講じないとき
は、裁判所に対し、同条第１項の請求に係る違法な行為又は怠る事
実につき、訴えをもつて次に掲げる請求をすることができる。

(1)　当該執行機関又は職員に対する当該行為の全部又は一部の差止
めの請求

(2)　行政処分たる当該行為の取消し又は無効確認の請求

(3)　当該執行機関又は職員に対する当該怠る事実の違法確認の請求

(4)　当該職員又は当該行為若しくは怠る事実に係る相手方に損害賠
償又は不当利得返還の請求をすることを当該普通地方公共団体の
執行機関又は職員に対して求める請求。ただし、当該職員又は当
該行為若しくは怠る事実に係る相手方が第243条の２の２第３項
の規定による賠償の命令の対象となる者である場合には、当該賠
償の命令をすることを求める請求

２　前項の規定による訴訟は、次の各号に掲げる場合の区分に応じ、
当該各号に定める期間内に提起しなければならない。

(1)　監査委員の監査の結果又は勧告に不服がある場合　当該監査の
結果又は当該勧告の内容の通知があつた日から30日以内

(2)　監査委員の勧告を受けた議会、長その他の執行機関又は職員の

　　措置に不服がある場合　当該措置に係る監査委員の通知があつた
　　日から30日以内
⑶　監査委員が請求をした日から60日を経過しても監査又は勧告を
　　行なわない場合　当該60日を経過した日から30日以内
⑷　監査委員の勧告を受けた議会、長その他の執行機関又は職員が
　　措置を講じない場合　当該勧告に示された期間を経過した日から
　　30日以内
3　前項の期間は、不変期間とする。
4　第1項の規定による訴訟が係属しているときは、当該普通地方公
　共団体の他の住民は、別訴をもつて同一の請求をすることができな
　い。
5　第1項の規定による訴訟は、当該普通地方公共団体の事務所の所
　在地を管轄する地方裁判所の管轄に専属する。
6　第1項第1号の規定による請求に基づく差止めは、当該行為を差
　し止めることによつて人の生命又は身体に対する重大な危害の発生
　の防止その他公共の福祉を著しく阻害するおそれがあるときは、す
　ることができない。
7　第1項第4号の規定による訴訟が提起された場合には、当該職員
　又は当該行為若しくは怠る事実の相手方に対して、当該普通地方公
　共団体の執行機関又は職員は、遅滞なく、その訴訟の告知をしなけ
　ればならない。
8　前項の訴訟告知は、当該訴訟に係る損害賠償又は不当利得返還の
　請求権の時効の中断に関しては、民法第147条第1号の請求とみな
　す。
9　第7項の訴訟告知は、第1項第4号の規定による訴訟が終了した
　日から6月以内に裁判上の請求、破産手続参加、仮差押若しくは仮

処分又は第231条に規定する納入の通知をしなければ時効中断の効力を生じない。

10　第1項に規定する違法な行為又は怠る事実については、民事保全法（平成元年法律第91号）に規定する仮処分をすることができない。

11　第2項から前項までに定めるもののほか、第1項の規定による訴訟については、行政事件訴訟法第43条の規定の適用があるものとする。

12　第1項の規定による訴訟を提起した者が勝訴（一部勝訴を含む。）した場合において、弁護士又は弁護士法人に報酬を支払うべきときは、当該普通地方公共団体に対し、その報酬額の範囲内で相当と認められる額の支払を請求することができる。

（平成32年4月1日施行）

（訴訟の提起）

第242条の3　前条第1項第4号本文の規定による訴訟について、損害賠償又は不当利得返還の請求を命ずる判決が確定した場合においては、普通地方公共団体の長は、当該判決が確定した日から60日以内の日を期限として、当該請求に係る損害賠償金又は不当利得の返還金の支払を請求しなければならない。

2　前項に規定する場合において、当該判決が確定した日から60日以内に当該請求に係る損害賠償金又は不当利得による返還金が支払われないときは、当該普通地方公共団体は、当該損害賠償又は不当利得返還の請求を目的とする訴訟を提起しなければならない。

3　前項の訴訟の提起については、第96条第1項第12号の規定にかかわらず、当該普通地方公共団体の議会の議決を要しない。

4　前条第1項第4号本文の規定による訴訟の裁判が同条第7項の訴訟告知を受けた者に対してもその効力を有するときは、当該訴訟の

裁判は、当該普通地方公共団体と当該訴訟告知を受けた者との間に
おいてもその効力を有する。

5 　前条第1項第4号本文の規定による訴訟について、普通地方公共
団体の執行機関又は職員に損害賠償又は不当利得返還の請求を命ず
る判決が確定した場合において、当該普通地方公共団体がその長に
対し当該損害賠償又は不当利得返還の請求を目的とする訴訟を提起
するときは、当該訴訟については、代表監査委員が当該普通地方公
共団体を代表する。

（平成32年4月1日施行）

（19）普通地方公共団体の長等の損害賠償責任の一部免責に関する規定

（普通地方公共団体の長等の損害賠償責任の一部免責）

第243条の2 　普通地方公共団体は、条例で、当該普通地方公共団体
の長若しくは委員会の委員又は当該普通地方公共団体の職員（次条
第3項の規定による賠償の命令の対象となる者を除く。以下この項
において「普通地方公共団体の長等」という。）の当該普通地方公
共団体に対する損害を賠償する責任を、普通地方公共団体の長等が
職務を行うにつき善意でかつ重大な過失がないときは、普通地方公
共団体の長等が賠償の責任を負う額から、普通地方公共団体の長等
の職責その他の事情を考慮して政令で定める基準を参酌して、政令
で定める額以上で当該条例で定める額を控除して得た額について免
れさせる旨を定めることができる。

2 　普通地方公共団体の議会は、前項の条例の制定又は改廃に関する
議決をしようとするときは、あらかじめ監査委員の意見を聴かなけ

れば ならない。

3　前項の規定による意見の決定は、監査委員の合議によるものとする。

（平成32年４月１日施行）

(20) 職員の賠償責任に関する規定

（職員の賠償責任）

第243条の２の２　会計管理者若しくは会計管理者の事務を補助する職員、資金前渡を受けた職員、占有動産を保管している職員又は物品を使用している職員が故意又は重大な過失（現金については、故意又は過失）により、その保管に係る現金、有価証券、物品（基金に属する動産を含む。）若しくは占有動産又はその使用に係る物品を亡失し、又は損傷したときは、これによつて生じた損害を賠償しなければならない。次の各号に掲げる行為をする権限を有する職員又はその権限に属する事務を直接補助する職員で普通地方公共団体の規則で指定したものが故意又は重大な過失により法令の規定に違反して当該行為をしたこと又は怠つたことにより普通地方公共団体に損害を与えたときも、また同様とする。

(1)　支出負担行為

(2)　第232条の４第１項の命令又は同条第２項の確認

(3)　支出又は支払

(4)　第234条の２第１項の監督又は検査

2　前項の場合において、その損害が２人以上の職員の行為によつて生じたものであるときは、当該職員は、それぞれの職分に応じ、かつ、当該行為が当該損害の発生の原因となつた程度に応じて賠償の責めに任ずるものとする。

3　普通地方公共団体の長は、第１項の職員が同項に規定する行為によつて当該普通地方公共団体に損害を与えたと認めるときは、監査委員に対し、その事実があるかどうかを監査し、賠償責任の有無及び賠償額を決定することを求め、その決定に基づき、期限を定めて賠償を命じなければならない。

4　第242条の２第１項第４号ただし書きの規定による訴訟について、賠償の命令を命ずる判決が確定した場合においては、普通地方公共団体の長は、当該判決が確定した日から60日以内の日を期限として、賠償を命じなければならない。この場合においては、前項の規定による監査委員の監査及び決定を求めることを要しない。

5　前項の規定により賠償を命じた場合において、当該判決が確定した日から60日以内に当該賠償の命令に係る損害賠償金が支払われないときは、当該普通地方公共団体は、当該損害賠償の請求を目的とする訴訟を提起しなければならない。

6　前項の訴訟の提起については、第96条第１項第12号の規定にかかわらず、当該普通地方公共団体の議会の議決を要しない。

7　第242条の２第１項第４号ただし書きの規定による訴訟の判決に従いなされた賠償の命令について取消訴訟が提起されているときは、裁判所は、当該取消訴訟の判決が確定するまで、当該賠償の命令に係る損害賠償の請求を目的とする訴訟の訴訟手続を中止しなければならない。

8　第３項の規定により監査委員が賠償責任があると決定した場合において、普通地方公共団体の長は、当該職員からなされた当該損害が避けることのできない事故その他やむを得ない事情によるものであることの証明を相当と認めるときは、議会の同意を得て、賠償責任の全部又は一部を免除することができる。この場合においては、

あらかじめ監査委員の意見を聴き、その意見を付けて議会に付議しなければならない。

9　第3項の規定による決定又は前項後段の規定による意見の決定は、監査委員の合議によるものとする。

10　第3項の規定による処分に不服がある者は、都道府県知事がした処分については総務大臣、市町村長がした処分については都道府県知事に審査請求をすることができる。この場合においては、異議申立てをすることもできる。

11　前項の規定にかかわらず、第242条の2第1項第4号ただし書きの規定による訴訟の判決に従い第3項の規定による処分がなされた場合においては、当該処分については、行政不服審査法による不服申立てをすることができない。

12　普通地方公共団体の長は、第10項の規定による異議申立てがあつたときは、議会に諮問してこれを決定しなければならない。

13　議会は、前項の規定による諮問があつた日から20日以内に意見を述べなければならない。

14　第1項の規定によつて損害を賠償しなければならない場合においては、同項の職員の賠償責任については、賠償責任に関する民法の規定は、これを適用しない。

（平成30年4月1日施行）

（21）機関等の共同設置に関する規定

（機関等の共同設置）

第252条の7　普通地方公共団体は、協議により規約を定め、共同して、第138条第1項若しくは第2項に規定する事務局若しくはその

内部組織（次項及び第252条の13において「議会事務局」という。）、第138条の４第１項に規定する委員会若しくは委員、同条第３項に規定する附属機関、第156条第１項に規定する行政機関、第158条第１項に規定する内部組織、委員会若しくは委員の事務局若しくはその内部組織（次項及び第252条の13において「委員会事務局」という。）、普通地方公共団体の議会、長、委員会若しくは委員の事務を補助する職員、第174条第１項に規定する専門委員又は第200条の２第１項に規定する監査専門委員を置くことができる。ただし、政令で定める委員会については、この限りでない。

2　前項の規定による議会事務局、執行機関、附属機関、行政機関、内部組織、委員会事務局若しくは職員を共同設置する普通地方公共団体の数を増減し、若しくはこれらの議会事務局、執行機関、附属機関、行政機関、内部組織、委員会事務局若しくは職員の共同設置に関する規約を変更し、又はこれらの議会事務局、執行機関、附属機関、行政機関、内部組織、委員会事務局若しくは職員の共同設置を廃止しようとするときは、関係普通地方公共団体は、同項の例により、協議してこれを行わなければならない。

3　第252条の２の２第２項及び第３項本文の規定は前２項の場合について、同条第４項の規定は第１項の場合について、それぞれ準用する。

（平成30年４月１日施行）

（共同設置する機関の補助職員等）

第252条の11　普通地方公共団体が共同設置する委員会又は委員の事務を補助する職員は、第252条の９第４項又は第５項の規定により共同設置する委員会の委員（教育委員会にあつては、教育長及び委員）又は委員が属するものとみなされる普通地方公共団体（以下

この条において「規約で定める普通地方公共団体」という。）の長の補助機関である職員をもつて充て、普通地方公共団体が共同設置する附属機関の庶務は、規約で定める普通地方公共団体の執行機関においてこれをつかさどるものとする。

2　普通地方公共団体が共同設置する委員会若しくは委員又は附属機関に要する経費は、関係普通地方公共団体がこれを負担し、規約で定める普通地方公共団体の歳入歳出予算にこれを計上して支出するものとする。

3　普通地方公共団体が共同設置する委員会が徴収する手数料その他の収入は、規約で定める普通地方公共団体の収入とする。

4　普通地方公共団体が共同設置する委員会が行う関係普通地方公共団体の財務に関する事務の執行及び関係普通地方公共団体の経営に係る事業の管理の通常の監査は、規約で定める普通地方公共団体の監査委員が毎会計年度少なくとも1回以上期日を定めてこれを行うものとする。この場合において、規約で定める普通地方公共団体の監査委員は、第199条第9項の規定による監査の結果に関する報告を他の関係普通地方公共団体の長に提出するとともに、これを公表しなければならない。

5　前項の場合において、規約で定める普通地方公共団体の監査委員は、第199条第9項の規定による監査の結果に関する報告の決定について、各監査委員の意見が一致しないことにより、同条第12項の合議により決定することができない事項がある場合には、その旨及び当該事項についての各監査委員の意見を他の関係普通地方公共団体の長に提出するとともに、これらを公表しなければならない。

（平成32年4月1日施行）

（議会事務局等の共同設置に関する準用規定）

第252条の13 第252条の8から前条までの規定は、政令で定める
ところにより、第252条の7の規定による議会事務局、行政機関、
内部組織、委員会事務局、普通地方公共団体の議会、長、委員会若
しくは委員の事務を補助する職員、専門委員又は監査専門委員の共
同設置について準用する。

（平成30年4月1日施行）

（22）外部監査に関する規定

（外部監査契約）

第252条の27 この法律において「外部監査契約」とは、包括外部
監査契約及び個別外部監査契約をいう。

2 この法律において「包括外部監査契約」とは、第252条の36第1
項各号に掲げる普通地方公共団体及び同条第2項の条例を定めた同
条第1項第2号に掲げる市以外の市又は町村が、第2条第14項及び
第15項の規定の趣旨を達成するため、この法律の定めるところによ
り、次条第1項又は第2項に規定する者の監査を受けるとともに監
査の結果に関する報告の提出を受けることを内容とする契約であつ
て、この法律の定めるところにより、当該監査を行う者と締結する
ものをいう。

3 この法律において、「個別外部監査契約」とは、次の各号に掲げ
る普通地方公共団体が、当該各号に掲げる請求又は要求があつた場
合において、この法律の定めるところにより、当該請求又は要求に
係る事項について次条第1項又は第2項に規定する者の監査を受け
るとともに監査の結果に関する報告の提出を受けることを内容とす

る契約であつて、この法律の定めるところにより、当該監査を行う者と締結するものをいう。

(1)　第252条の39第1項に規定する普通地方公共団体　第75条第1項の請求

(2)　第252条の40第1項に規定する普通地方公共団体　第98条第2項の請求

(3)　第252条の41第1項に規定する普通地方公共団体　第199条第6項の要求

(4)　第252条の42第1項に規定する普通地方公共団体　第199条第7項の要求

(5)　第252条の43第1項に規定する普通地方公共団体　第242条第1項の請求

（平成30年4月1日施行）

（外部監査契約を締結できる者）

第252条の28　普通地方公共団体が外部監査契約を締結できる者は、普通地方公共団体の財務管理、事業の経営管理その他行政運営に関し優れた識見を有する者であつて、次の各号のいずれかに該当するものとする。

(1)　弁護士（弁護士となる資格を有する者を含む。）

(2)　公認会計士（公認会計士となる資格を有する者を含む。）

(3)　国の行政機関において会計検査に関する行政事務に従事した者又は地方公共団体において監査若しくは財務に関する行政事務に従事した者であつて、監査に関する実務に精通しているものとして政令で定めるもの

2　普通地方公共団体は、外部監査契約を円滑に締結し又はその適正な履行を確保するため必要と認めるときは、前項の規定にかかわら

ず、同項の識見を有する者であつて税理士（税理士となる資格を有する者を含む。）であるものと外部監査契約を締結することができる。

3　前2項の規定にかかわらず、普通地方公共団体は、次の各号のいずれかに該当する者と外部監査契約を締結してはならない。

⑴　成年被後見人又は被保佐人

⑵　禁錮以上の刑に処せられた者であつて、その執行を終わり、又は執行を受けることがなくなつてから3年を経過しないもの

⑶　破産者であつて復権を得ない者

⑷　国家公務員法（昭和22年法律第120号）又は地方公務員法の規定により懲戒免職の処分を受け、当該処分の日から3年を経過しない者

⑸　弁護士法（昭和24年法律第205号）、公認会計士法（昭和23年法律第103号）又は税理士法（昭和26年法律第237号）の規定による懲戒処分により、弁護士会からの除名、公認会計士の登録の抹消又は税理士の業務の禁止の処分を受けた者でこれらの処分を受けた日から3年を経過しないもの（これらの法律の規定により再び業務を営むことができることとなつた者を除く。）

⑹　懲戒処分により、弁護士、公認会計士又は税理士の業務を停止された者で、現にその処分を受けているもの

⑺　当該普通地方公共団体の議会の議員

⑻　当該普通地方公共団体の職員

⑼　当該普通地方公共団体の職員で政令で定めるものであつた者

⑽　当該普通地方公共団体の長、副知事若しくは副市町村長、会計管理者又は監査委員と親子、夫婦又は兄弟姉妹の関係にある者

⑾　当該普通地方公共団体に対し請負（外部監査契約に基づくもの

を除く。）をする者及びその支配人又は主として同一の行為をする法人の無限責任社員、取締役、執行役若しくは監査役若しくはこれらに準ずべき者、支配人及び清算人

（特定の事件についての監査の制限）

第252条の29　包括外部監査人（普通地方公共団体と包括外部監査契約を締結し、かつ、包括外部監査契約の期間（包括外部監査契約に基づく監査を行い、監査の結果に関する報告を提出すべき期間をいう。以下本章において同じ。）内にある者をいう。以下本章において同じ。）又は個別外部監査人（普通地方公共団体と個別外部監査契約を締結し、かつ、個別外部監査契約の期間（個別外部監査契約に基づく監査を行い、監査の結果に関する報告を提出すべき期間をいう。以下本章において同じ。）内にある者をいう。以下本章において同じ。）は、自己若しくは父母、祖父母、配偶者、子、孫若しくは兄弟姉妹の一身上に関する事件又は自己若しくはこれらの者の従事する業務に直接の利害関係のある事件については、監査することができない。

（監査の実施に伴う外部監査人と監査委員相互間の配慮）

第252条の30　外部監査人（包括外部監査人及び個別外部監査人をいう。以下本章において同じ。）は、監査を実施するに当たつては、監査委員にその旨を通知する等相互の連絡を図るとともに、監査委員の監査の実施に支障を来さないよう配慮しなければならない。

２　監査委員は、監査を実施するに当たつては、外部監査人の監査の実施に支障を来さないよう配慮しなければならない。

（監査の実施の伴う外部監査人の義務）

第252条の31　外部監査人は、外部監査契約の本旨に従い、善良な管理者の注意をもつて、誠実に監査を行う義務を負う。

2　外部監査人は、外部監査契約の履行に当たつては、常に公正不偏の態度を保持し、自らの判断と責任において監査をしなければならない。

3　外部監査人は、監査の実施に関して知り得た秘密を漏らしてはならない。外部監査人でなくなつた後であつても、同様とする。

4　前項の規定に違反した者は、2年以下の懲役又は100万円以下の罰金に処する。

5　外部監査人は、監査の事務に関しては、刑法（明治40年法律第45号）その他の罰則の適用については、法令により公務に従事する職員とみなす。

（外部監査人の監査の事務の補助）

第252条の32　外部監査人は、監査の事務を他の者に補助させることができる。この場合においては、外部監査人は、政令の定めるところにより、あらかじめ監査委員に協議しなければならない。

2　監査委員は、前項の規定による協議が調つた場合には、直ちに当該監査の事務を補助する者の氏名及び住所並びに当該監査の事務を補助する者が外部監査人の監査の事務を補助できる期間を告示しなければならない。

3　第1項の規定による協議は、監査委員の合議によるものとする。

4　外部監査人は、監査が適正かつ円滑に行われるよう外部監査人補助者（第2項の規定により外部監査人の監査の事務を補助する者として告示された者であつて、かつ、外部監査人の監査の事務を補助できる期間内にあるものをいう。以下本条において同じ。）を監督しなければならない。

5　外部監査人補助者は、外部監査人の監査の事務を補助したことに関して知り得た秘密を漏らしてはならない。外部監査人補助者でな

くなつた後であつても、同様とする。

6　前項の規定に違反した者は、2年以下の懲役又は100万円以下の罰金に処する。

7　外部監査人補助者は、外部監査人の監査の事務の補助に関しては、刑法その他の罰則の適用については、法令により公務に従事する職員とみなす。

8　外部監査人は、第2項の規定により告示された者に監査の事務を補助させる必要がなくなつたときは、速やかに、その旨を監査委員に通知しなければならない。

9　前項の通知があつたときは、監査委員は、速やかに、当該通知があつた者の氏名及び住所並びにその者が外部監査人を補助する者でなくなつたことを告示しなければならない。

10　前項の規定による告示があつたときは、当該告示された者が外部監査人の監査の事務を補助できる期間は終了する。

（外部監査人の監査への協力）

第252条の33　普通地方公共団体が外部監査人の監査を受けるに当たつては、当該普通地方公共団体の議会、長その他の執行機関又は職員は、外部監査人の監査の適正かつ円滑な遂行に協力するよう努めなければならない。

2　代表監査委員は、外部監査人の求めに応じ、監査委員の監査の事務に支障のない範囲内において、監査委員の事務局長、書記その他の職員、監査専門委員又は第180条の3の規定による職員を外部監査人の監査の事務に協力させることができる。

（平成30年4月1日施行）

（議会による説明の要求又は意見の陳述）

第252条の34　普通地方公共団体の議会は、外部監査人の監査に関

し必要があると認めるときは、外部監査人又は外部監査人であつた
者の説明を求めることができる。

2 　普通地方公共団体の議会は、外部監査人の監査に関し必要がある
と認めるときは、外部監査人に対し意見を述べることができる。

（外部監査契約の解除）

第252条の35 　普通地方公共団体の長は、外部監査人が第252条の
28第１項各号のいずれにも該当しなくなつたとき（同条第２項の規
定により外部監査契約が締結された場合にあつては、税理士（税理
士となる資格を有する者を含む。）でなくなつたとき）、又は同条第
３項各号のいずれかに該当するに至つたときは、当該外部監査人と
締結している外部監査契約を解除しなければならない。

2 　普通地方公共団体の長は、外部監査人が心身の故障のため監査の
遂行に堪えないと認めるとき、外部監査人にこの法律若しくはこれ
に基づく命令の規定又は外部監査契約に係る義務に違反する行為が
あると認めるときその他外部監査人と外部監査契約を締結している
ことが著しく不適当と認めるときは、外部監査契約を解除すること
ができる。この場合においては、あらかじめ監査委員の意見を聴く
とともに、その意見を付けて議会の同意を得なければならない。

3 　外部監査人が、外部監査契約を解除しようとするときは、普通地
方公共団体の長の同意を得なければならない。この場合においては、
当該普通地方公共団体の長は、あらかじめ監査委員の意見を聴かな
ければならない。

4 　前２項の規定による意見は、監査委員の合議によるものとする。

5 　普通地方公共団体の長は、第１項若しくは第２項の規定により外
部監査契約を解除したとき、又は第３項の規定により外部監査契約
を解除されたときは、直ちに、その旨を告示するとともに、遅滞な

く、新たに外部監査契約を締結しなければならない。

6　外部監査契約の解除は、将来に向かつてのみその効力を生ずる。

（包括外部監査契約の締結）

第252条の36　次に掲げる普通地方公共団体の長は、政令で定めるところにより、毎会計年度、当該会計年度に係る包括外部監査契約を、速やかに、一の者と締結しなければならない。この場合においては、あらかじめ監査委員の意見を聴くとともに、議会の議決を経なければならない。

(1)　都道府県

(2)　政令で定める市

2　前項第2号に掲げる市以外の市又は町村で、契約に基づく監査を受けることを条例により定めたものの長は、同項の政令で定めるところにより、条例で定める会計年度において、当該会計年度に係る包括外部監査契約を、速やかに、一の者と締結しなければならない。この場合においては、あらかじめ監査委員の意見を聴くとともに、議会の議決を経なければならない。

3　前2項の規定による意見の決定は、監査委員の合議によるものとする。

4　第1項又は第2項の規定により包括外部監査契約を締結する場合には、第1項各号に掲げる普通地方公共団体及び第2項の条例を定めた第1項第2号に掲げる市以外の市又は町村（以下「包括外部監査対象団体」という。）は、連続して4回、同一の者と包括外部監査契約を締結してはならない。

5　包括外部監査契約には、次に掲げる事項について定めなければならない。

(1)　包括外部監査契約の期間の始期

　⑵　包括外部監査契約を締結した者に支払うべき監査に要する費用の額の算定方法

　⑶　前2号に掲げる事項のほか、包括外部監査契約に基づく監査のために必要な事項として政令で定めるもの

6　包括外部監査対象団体の長は、包括外部監査契約を締結したときは、前項第1号及び第2号に掲げる事項その他政令で定める事項を直ちに告示しなければならない。

7　包括外部監査契約の期間の終期は、包括外部監査契約に基づく監査を行うべき会計年度の末日とする。

8　包括外部監査対象団体は、包括外部監査契約の期間を充分に確保するよう努めなければならない。

（平成30年4月1日施行）

（包括外部監査人の監査）

第252条の37　包括外部監査人は、包括外部監査対象団体の財務に関する事務の執行及び包括外部監査対象団体の経営に係る事業の管理のうち、第2条第14項及び第15項の規定の主旨を達成するため必要と認める特定の事件について監査する者とする。

2　包括外部監査人は、前項の規定による監査をするに当たつては、当該包括外部監査対象団体の財務に関する事務の執行及び当該包括外部監査対象団体の経営に係る事業の管理が第2条第14項及び第15項の規定の趣旨にのつとつてなされているかどうかに、特に、意を用いなければならない。

3　包括外部監査人は、包括外部監査契約で定める包括外部監査契約の期間内に少なくとも1回以上第1項の規定による監査をしなければならない。

4　包括外部監査対象団体は、当該包括外部監査対象団体が第199条

第7項に規定する財政的援助を与えているものの出納その他の事務の執行で当該財政的援助に係るもの、当該包括外部監査対象団体が出資しているもので同項の政令で定めるものの出納その他の事務の執行で当該出資に係るもの、当該包括外部監査対象団体が借入金の元金若しくは利子の支払を保証しているものの出納その他の事務の執行で当該保証に係るもの、当該包括外部監査対象団体が受益権を有する信託で同項の政令で定めるものの受託者の出納その他の事務の執行で当該信託に係るもの又は当該包括外部監査対象団体が第244条の2第3項に規定に基づき公の施設の管理を行わせているものの出納その他の事務の執行で当該委託に係るものについて、包括外部監査人が必要があると認めるときは監査することができることを条例により定めることができる。

5　包括外部監査人は、包括外部監査契約で定める包括外部監査契約の期間内に、監査の結果に関する報告を決定し、これを包括外部監査対象団体の議会、長及び監査委員並びに関係のある教育委員会、選挙管理委員会、人事委員会若しくは公平委員会、公安委員会、労働委員会、農業委員会その他法律に基づく委員会又は委員に提出しなければならない。

（包括外部監査人の監査）

第252条の38　包括外部監査人は、監査のため必要があると認めるときは、監査委員と協議して、関係人の出頭を求め、若しくは関係人について調査し、若しくは関係人の帳簿、書類その他の記録の提出を求め、又は学識経験を有する者等から意見を聴くことができる。

2　包括外部監査人は、監査の結果に基づいて必要があると認めるときは、当該包括外部監査対象団体の組織及び運営の合理化に資するため、監査の結果に関する報告に添えてその意見を提出することが

できる。

3 監査委員は、前条第5項の規定により監査の結果に関する報告の提出があつたときは、これを公表しなければならない。

4 監査委員は、包括外部監査人の監査の結果に関し必要があると認めるときは、当該包括外部監査対象団体の議会及び長並びに関係のある教育委員会、選挙管理委員会、人事委員会若しくは公平委員会、公安委員会、労働委員会、農業委員会その他法律に基づく委員会又は委員にその意見を提出することができる。

5 第1項の規定による協議又は前項の規定による意見の決定は、監査委員の合議によるものとする。

6 前条第5項の規定による監査の結果に関する報告の提出があつた場合において、当該監査の結果に関する報告の提出を受けた包括外部監査対象団体の議会、長、教育委員会、選挙管理委員会、人事委員会若しくは公平委員会、公安委員会、労働委員会、農業委員会その他法律に基づく委員会又は委員は、当該監査の結果に基づき、又は当該監査の結果を参考として措置を講じたときは、その旨を監査委員に通知するものとする。この場合においては、監査委員は、当該通知に係る事項を公表しなければならない。

（第75条の規定による監査の特例）

第252条の39 第75条第1項の請求に係る監査について、監査委員の監査に代えて契約に基づく監査によることができることを条例により定める普通地方公共団体の同項の選挙権を有する者は、政令で定めるところにより、同項の請求をする場合には、併せて監査委員の監査に代えて個別外部監査契約に基づく監査によることを求めることができる。

2 前項の規定により個別外部監査契約に基づく監査によることが求

められた第75条第1項の請求（以下この条において「事務の監査の請求に係る個別外部監査の請求」という。）については、第75条第2項から第5項までの規定は、適用しない。

3　事務の監査の請求に係る個別外部監査の請求があつたときは、監査委員は、直ちに、政令で定めるところにより、当該請求の要旨を公表するとともに、当該事務の監査の請求に係る個別外部監査の請求について監査委員の監査に代えて個別外部監査契約に基づく監査によることについての意見を付けて、その旨を当該普通地方公共団体の長に通知しなければならない。

4　前項の規定による通知があつたときは、当該普通地方公共団体の長は、当該通知があつた日から20日以内に議会を招集し、同項の規定による監査委員の意見を付けて、当該事務の監査の請求に係る個別外部監査の請求について監査委員の監査に代えて個別外部監査契約に基づく監査によることについて、議会に付議し、その結果を監査委員に通知しなければならない。

5　事務の監査の請求に係る個別外部監査の請求について監査委員の監査に代えて個別外部監査契約に基づく監査によることについて議会の議決を経た場合には、当該普通地方公共団体の長は、政令で定めるところにより、当該事務の監査の請求に係る個別外部監査の請求に係る事項についての個別外部監査契約を一の者と締結しなければならない。

6　前項の個別外部監査契約を締結する場合には、当該普通地方公共団体の長は、あらかじめ監査委員の意見を聴くとともに、議会の議決を経なければならない。

7　第3項又は前項の規定による意見の決定は、監査委員の合議によるものとする。

8　第5項の個別外部監査契約には、次に掲げる事項について定めなければならない。

(1)　事務の監査の請求に係る個別外部監査の請求に係る事項

(2)　個別外部監査契約の期間

(3)　個別外部監査契約を締結した者に支払うべき監査に要する費用の額の算定方法

(4)　前3号に掲げる事項のほか、個別外部監査契約に基づく監査のために必要な事項として政令で定めるもの

9　普通地方公共団体の長は、第5項の個別外部監査契約を締結したときは、前項第1号から第3号までに掲げる事項その他政令で定める事項を直ちに告示しなければならない。

10　包括外部監査対象団体の長が、第5項の個別外部監査契約を当該包括外部監査対象団体の包括外部監査人と締結するときは、第6項の規定は、適用しない。この場合において、当該個別外部監査契約は、個別外部監査契約の期間が当該包括外部監査対象団体が締結している包括外部監査契約で定める包括外部監査契約の期間を超えないものであり、かつ、個別外部監査契約を締結した者に支払うべき費用の額の算定方法が当該包括外部監査契約で定める包括外部監査契約を締結した者に支払うべき費用の額の算定方法に準じたものでなければならない。

11　前項の規定により第5項の個別外部監査契約を締結した包括外部監査対象団体の長は、その旨を議会に報告しなければならない。

12　第5項の個別外部監査契約を締結した者は、当該個別外部監査契約で定める個別外部監査契約の期間内に、事務の監査の請求に係る個別外部監査の請求に係る事項につき監査し、かつ、監査の結果に関する報告を決定するとともに、これを当該個別外部監査契約を締

結した普通地方公共団体の議会、長及び監査委員並びに関係のある教育委員会、選挙管理委員会、人事委員会若しくは公平委員会、公安委員会、労働委員会、農業委員会その他法律に基づく委員会又は委員に提出しなければならない。

13　監査委員は、前項の規定により監査の結果に関する報告の提出があつたときは、これを当該事務の監査の請求に係る個別外部監査の請求に係る代表者に送付するとともに、公表しなければならない。

14　前条第１項、第２項及び第４項から第６項までの規定は、事務の監査の請求に係る個別外部監査の請求に係る事項についての個別外部監査人の監査について準用する。この場合において、同条第２項及び第４項中「包括外部監査対象団体」とあるのは「個別外部監査契約を締結した普通地方公共団体」と、同条第６項中「前条第５項」とあるのは「次条第12項」と、「包括外部監査対象団体」とあるのは「個別外部監査契約を締結した普通地方公共団体」と読み替えるものとする。

15　事務の監査の請求に係る個別外部監査の請求について、監査委員の監査に代えて個別外部監査契約に基づく監査によることについて、議会がこれを否決したときは、当該事務の監査の請求に係る個別外部監査の請求は、初めから第１項の規定により個別外部監査契約に基づく監査によることが求められていない第75条第１項の請求であつたものとみなして、同条第３項から第５項までの規定を適用する。

（平成32年４月１日施行）

（第98条第２項の規定による監査の特例）

第252条の40　第98条第２項の請求に係る監査について監査委員の監査に代えて契約に基づく監査によることができることを条例により定める普通地方公共団体の議会は、同項の請求をする場合におい

て、特に必要があると認めるときは、その理由を付して、併せて監査委員の監査に代えて個別外部監査契約に基づく監査によることを求めることができる。この場合においては、あらかじめ監査委員の意見を聴かなければならない。

2　前項の規定により個別外部監査契約に基づく監査によることが求められた第98条第2項の請求（以下本条において「議会からの個別外部監査の請求」という。）については、監査委員は、当該議会からの個別外部監査の請求に係る事項についての監査及び監査の結果に関する報告は行わない。

3　議会からの個別外部監査の請求があつたときは、監査委員は、直ちにその旨を当該普通地方公共団体の長に通知しなければならない。

4　前条第5項から第11項までの規定は、前項の規定よる通知があつた場合について準用する。この場合において、同条第5項中「事務の監査の請求に係る個別外部監査の請求について監査委員の監査に代えて個別外部監査契約に基づく監査によることについて議会の議決を経た」とあるのは「次条第3項の規定による通知があつた」と、「事務の監査の請求に係る個別外部監査の請求に係る」とあるのは「同条第2項に規定する議会からの個別外部監査の請求に係る」と、同条第7項中「第3項」とあるのは「次条第1項」と、同条第8項第1号中「事務の監査の請求に係る個別外部監査の請求」とあるのは「次条第2項に規定する議会からの個別外部監査の請求」と読み替えるものとする。

5　前項において準用する前条第5項の個別外部監査契約を締結した者は、当該個別外部監査契約で定める個別外部監査契約の期間内に、議会からの個別外部監査の請求に係る事項につき監査しなければならない。

6　第199条第2項後段、第252条の37第5項及び第252条の38の規定は、議会からの個別外部監査の請求に係る事項についての個別外部監査人の監査について準用する。この場合において、第252条の37第5項並びに第252条の38第2項、第4項及び第6項中「包括外部監査対象団体」とあるのは「個別外部監査契約を締結した普通地方公共団体」と読み替えるものとする。

（第199条第6項の規定による監査の特例）

第252条の41　第199条第6項の要求に係る監査について、監査委員の監査に代えて契約に基づく監査によることができることを条例により定める普通地方公共団体の長は、同項の要求をする場合において、特に必要があると認めるときは、その理由を付して、併せて監査委員の監査に代えて個別外部監査契約に基づく監査によることを求めることができる。

2　前項の規定により個別外部監査契約に基づく監査によることが求められた第199条第6項の要求（以下本条において「長からの個別外部監査の要求」という。）については、同項の規定にかかわらず、監査委員は、当該長からの個別外部監査の要求に係る事項についての監査は行わない。

3　長からの個別外部監査の要求があつたときは、監査委員は、直ちに、監査委員の監査に代えて個別外部監査契約に基づく監査によることについての意見を当該普通地方公共団体の長に通知しなければならない。

4　第252条の39第4項から第11項までの規定は、前項の規定による通知があつた場合について準用する。この場合において、同条第4項中「前項」とあるのは「第252条の41第3項」と、「長は、当該通知があつた日から20日以内に議会を招集し」とあるのは「長は」

175

と、「事務の監査の請求に係る個別外部監査の請求」とあるのは「同条第2項に規定する長からの個別外部監査の要求」と、「付議し、その結果を監査委員に通知しなければならない」とあるのは「付議しなければならない」と、同条第5項中「事務の監査の請求に係る個別外部監査の請求について」とあるのは「第252条の41第2項に規定する長からの個別外部監査の要求について」と、「事務の監査の請求に係る個別外部監査の請求に係る」とあるのは「同項に規定する長からの個別外部監査の要求に係る」と、同条第7項中「第3項」とあるのは「第252条の41第3項」と、同条第8項第1号中「事務の監査の請求に係る個別外部監査の請求」とあるのは「第252条の41第2項に規定する長からの個別外部監査の要求」と読み替えるものとする。

5　前項において準用する第252条の39第5項の個別外部監査契約を締結した者は、当該個別外部監査契約で定める個別外部監査契約の期間内に、長からの個別外部監査の要求に係る事項につき監査しなければならない。

6　第252条の37第5項及び第252条の38の規定は、長からの個別外部監査の要求に係る事項についての個別外部監査人の監査について準用する。この場合において、第252条の37第5項並びに第252条の38第2項、第4項及び第6項中「包括外部監査対象団体」とあるのは、「個別外部監査契約を締結した普通地方公共団体」と読み替えるものとする。

（第199条第7項の規定による監査の特例）

第252条の42　普通地方公共団体が第199条第7項に規定する財政的援助を与えているものの出納その他の事務の執行で当該財政的援助に係るもの、普通地方公共団体が出資しているもので同項の政令

で定めるものの出納その他の事務の執行で当該出資に係るもの、普通地方公共団体が借入金の元金若しくは利子の支払を保証しているものの出納その他の事務の執行で当該保証に係るもの、普通地方公共団体が受益権を有する信託で同項の政令で定めるものの受託者の出納その他の事務の執行で当該信託に係るもの又は普通地方公共団体が第244条の2第3項の規定に基づき公の施設の管理を行わせているものの出納その他の事務の執行で当該管理の業務に係るものについての第199条第7項の要求に係る監査について、監査委員の監査に代えて契約に基づく監査によることができることを条例により定める普通地方公共団体の長は、同項の要求をする場合において、特に必要があると認めるときは、その理由を付して、併せて監査委員の監査に代えて個別外部監査契約に基づく監査によることを求めることができる。

2　前項の規定により個別外部監査契約に基づく監査によることが求められた第199条第7項の要求（以下本条において「財政的援助を与えているもの等に係る個別外部監査の要求」という。）については、同項の規定にかかわらず、監査委員は、当該財政的援助を与えているもの等に係る個別外部監査の要求に係る事項についての監査は行わない。

3　財政的援助を与えているもの等に係る個別外部監査の要求があつたときは、監査委員は、直ちに、監査委員の監査に代えて個別外部監査契約に基づく監査によることについての意見を当該普通地方公共団体の長に通知しなければならない。

4　第252条の39第4項から第11項までの規定は、前項の規定による通知があつた場合について準用する。この場合において、同条第4項中「前項」とあるのは「第252条の42第3項」と、「長は、当該

通知があつた日から20日以内に議会を招集し」とあるのは「長は」
と、「事務の監査の請求に係る個別外部監査の請求」とあるのは「同
条第2項に規定する財政的援助を与えているもの等に係る個別外部
監査の要求」と、「付議し、その結果を監査委員に通知しなければ
ならない」とあるのは「付議しなければならない」と、同条第5項
中「事務の監査の請求に係る個別外部監査の請求について」とある
のは「第252条の42第2項に規定する財政的援助を与えているも
の等に係る個別外部監査の要求について」と、「事務の監査の請求
に係る個別外部監査の請求に係る」とあるのは「同項に規定する財
政的援助を与えているもの等に係る個別外部監査の要求に係る」と、
同条第7項中「第3項」とあるのは「第252条の42第3項」と、同
条第8項第1号中「事務の監査の請求に係る個別外部監査の請求」
とあるのは「第252条の42第2項に規定する財政的援助を与えてい
るもの等に係る個別外部監査の要求」と読み替えるものとする。

5　前項において準用する第252条の39第5項の個別外部監査契約を
締結した者は、当該個別外部監査契約で定める個別外部監査契約の
期間内に、財政的援助を与えているもの等に係る個別外部監査の要
求に係る事項につき監査しなければならない。

6　第252条の37第5項及び第252条の38の規定は、財政的援助を与
えているもの等に係る個別外部監査の要求に係る事項についての個
別外部監査人の監査について準用する。この場合において、第252
条の37第5項並びに第252条の38第2項、第4項及び第6項中「包
括外部監査対象団体」とあるのは、「個別外部監査契約を締結した
普通地方公共団体」と読み替えるものとする。

（住民監査請求等の特例）

第252条の43　第242条第1項の請求に係る監査について監査委員

の監査に代えて契約に基づく監査によることができることを条例により定める普通地方公共団体の住民は、同項の請求をする場合において、特に必要があると認めるときは、政令で定めるところにより、その理由を付して、併せて監査委員の監査に代えて個別外部監査契約に基づく監査によることを求めることができる。

2　監査委員は、前項の規定により個別外部監査契約に基づく監査によることが求められた第242条第1項の請求（以下この条において「住民監査請求に係る個別外部監査の請求」という。）があつた場合において、当該住民監査請求に係る個別外部監査の請求について、監査委員の監査に代えて個別外部監査契約に基づく監査によることが相当であると認めるときは、個別外部監査契約に基づく監査によることを決定し、当該住民監査請求に係る個別外部監査の請求があつた日から20日以内に、その旨を当該普通地方公共団体の長に通知しなければならない。この場合において、監査委員は、当該通知をした旨を、当該住民監査請求に係る個別外部監査の請求に係る請求人に直ちに通知しなければならない。

3　第252条の39第5項から第11項までの規定は、前項前段の規定による通知があつた場合について準用する。この場合において、同条第5項中「事務の監査の請求に係る個別外部監査の請求について監査委員の監査に代えて個別外部監査契約に基づく監査によることについて議会の議決を経た」とあるのは「第252条の43第2項前段の規定による通知があつた」と、「事務の監査の請求に係る個別外部監査の請求に係る」とあるのは「同項に規定する住民監査請求に係る個別外部監査の請求に係る」と、同条第7項中「第3項」とあるのは「第252条の43第2項の規定による監査委員の監査に代えて個別外部監査契約に基づく監査によることの決定」と、同条第8項

　　第1号中「事務の監査の請求に係る個別外部監査の請求」とあるの
　　は「第252条の43第2項に規定する住民監査請求に係る個別外部監
　　査の請求」と読み替えるものとする。

4　　前項において準用する第252条の39第5項の個別外部監査契約を
　　締結した者は、当該個別外部監査契約で定める個別外部監査契約の
　　期間内に、住民監査請求に係る個別外部監査の請求に係る事項につ
　　いて監査を行い、かつ、監査の結果に関する報告を決定するととも
　　に、これを監査委員に提出しなければならない。

5　　第2項前段の規定による通知があつた場合における第242条第5
　　項から第7項まで及び第11項並びに第242条の2第1項及び第2項
　　の規定の適用については、第242条第5項中「第1項の規定による
　　請求があつた場合においては、監査委員は、監査を行い」とあるの
　　は「第252条の43第4項の規定による監査の結果に関する報告の提
　　出」と、「監査を行い」とあるのは「当該監査の結果に関する報告
　　に基づき」と、「請求人に通知する」とあるのは「同条第2項に規
　　定する住民監査請求に係る個別外部監査の請求に係る請求人（以下
　　この条において「請求人」という。）に通知する」と、同条第6項
　　中「監査委員の監査」とあるのは「請求に理由があるかどうかの決
　　定」と、「第1項の規定による」とあるのは「第252条の43第2項
　　に規定する住民監査請求に係る個別外部監査の」と、「60日」とあ
　　るのは「90日」と、同条第7項中「監査委員は、第5項の」とある
　　のは「第252条の43第3項において準用する第252条の39第5項
　　の個別外部監査契約を締結した者は、第252条の43第4項」と、同
　　条第11項中「第4項の規定による勧告、第5項」とあるのは「第5
　　項」と、「監査及び勧告並びに前項の規定による意見」とあるのは
　　「請求に理由があるかどうかの決定及び勧告」と第242条の2第1項

中「前条第1項の規定による請求をした場合において、同条第4項の規定による監査委員の監査の結果」とあるのは「第252条の43第2項に規定する住民監査請求に係る個別外部監査の」と「同条第5項の規定による監査委員の監査の結果」とあるのは、「前条第5項の規定による請求に理由がない旨の決定」と、「監査若しくは」とあるのは「請求に理由がない旨の決定若しくは」と、「同条第1項」とあるのは「第252条の43第2項に規定する住民監査請求に係る個別外部監査」と、同条第2項第1号中「の監査の結果」とあるのは「の請求に理由がない旨の決定」と、「当該監査の結果」とあるのは「当該請求に理由がない旨」と、同項第3号中「60日」とあるのは「90日」と、「監査又は」とあるのは「当該請求に理由がない旨の決定又は」とする。

6　第252条の38第1項、第2項及び第5項の規定は、住民監査請求に係る個別外部監査の請求に係る事項についての個別外部監査人の監査について準用する。この場合において、同条第2項中「包括外部監査対象団体」とあるのは「個別外部監査契約を締結した普通地方公共団体」と読み替えるものとする。

7　個別外部監査人は、第5項において読み替えて適用する第242条第7項の規定による陳述の聴取を行う場合又は関係のある当該普通地方公共団体の長その他の執行機関若しくは職員の陳述の聴取を行う場合において、必要があると認めるときは、監査委員と協議して、関係のある当該普通地方公共団体の長その他の執行機関若しくは職員又は請求人を立ち会わせることができる。

8　前項の規定による協議は、監査委員の合議によるものとする。

9　住民監査請求に係る個別外部監査の請求があつた場合において、監査委員が当該住民監査請求に係る個別外部監査の請求があつた日

から20日以内に、当該普通地方公共団体の長に第2項前段の規定による通知を行わないときは、当該住民監査請求に係る個別外部監査の請求は、初めから第1項の規定により個別外部監査契約に基づく監査によることが求められていない第242条第1項の請求であつたものとみなす。この場合において、監査委員は、同条第5項の規定による通知を行うときに、併せて当該普通地方公共団体の長に第2項前段の規定による通知を行わなかった理由を書面により当該住民監査請求に係る個別外部監査の請求に係る請求人に通知するとともに、これを公表しなければならない。

（平成32年4月1日施行）

（個別外部監査契約の解除）

第252条の44 第252条の35第2項、第4項及び第5項の規定は、個別外部監査人が第252条の29の規定により監査することができなくなつたと認められる場合について準用する。

2 地方自治法施行令

（1）住民の直接請求に基づく監査に関する規定

第99条 第91条から第98条まで、第98条の3及び前条の規定は、地方自治法第75条第1項の規定による普通地方公共団体の事務の監査の請求について準用する。この場合において、次の表の上欄に掲げる規定中同表の中欄に掲げる字句は、それぞれ同表の下欄に掲げる字句に読み替えるものとする。

第91条第1項及び第2項	当該普通地方公共団体の長	監査委員
第91条第3項から第5項まで	地方自治法第74条第6項各号	地方自治法第75条第5項において準用する同法第74条第6項各号
	普通地方公共団体の長	監査委員

第92条第1項	地方自治法第74条第5項	地方自治法第75条第5項において準用する同法第74条第5項
第92条第3項及び第4項	地方自治法第74条第7項	地方自治法第75条第5項において準用する同法第74条第7項
第94条第1項	地方自治法第74条第5項	地方自治法第75条第5項において準用する同法第74条第5項
第95条の2	地方自治法第74条の2第1項	地方自治法第75条第5項において準用する同法第74条の2第1項
第95条の3	地方自治法第74条の2第5項	地方自治法第75条第5項において準用する同法第74条の2第5項
第95条の4	地方自治法第74条の2第6項	地方自治法第75条第5項において準用する同法第74条の2第6項
第96条第1項	地方自治法第74条第1項	地方自治法第75条第1項
	同法第74条の2第6項	同条第5項において準用する同法第74条の2第6項
	同法第74条第5項	同法第75条第5項において準用する同法第74条第5項
第96条第2項	地方自治法第74条の2第10項	地方自治法第75条第5項において準用する同法第74条の2第10項
第97条第1項	地方自治法第74条第5項	地方自治法第75条第5項において準用する同法第74条第5項
	普通地方公共団体の長	監査委員
第98条第1項	普通地方公共団体の長	監査委員
第98条第2項	普通地方公共団体の長	監査委員
	第74条第3項の規定による議会の審議	第75条第3項の規定による事務の監査
第98条の3第1項	地方自治法第74条の2及び第74条の3	地方自治法第75条第5項において準用する同法第74条の2及び第74条の3
	同法第74条の2第10項	同法第75条第5項において準用する同法第74条の2第10項

（2）議決案件に関する規定

> **第121条の2** 地方自治法第96条第1項第5号に規定する政令で定
> める基準は、契約の種類については、別表第3上欄に定めるものと
> し、その金額については、その予定価格の金額が同表下欄に定める
> 金額を下らないこととする。
>
> 2 地方自治法第96条第1項第8号に規定する政令で定める基準は、
> 財産の取得又は処分の種類については、別表第4上欄に定めるもの
> とし、その金額については、その予定価格の金額が同表下欄に定め
> る金額を下らないこととする。
>
> **別表第3（第121条の2関係）**
>
> | 工事又は製造の請負 | 都道府県　500,000千円 |
> |---|---|
> | | 指定都市　300,000千円 |
> | | 市（指定都市を除く。次表において同じ。）
150,000千円 |
> | | 町村　50,000千円 |
>
> **別表第4（第121条の2関係）**
>
> | 不動産又は動産の買入れ若しくは売払い（土地については、その面積が都道府県にあつては1件2万平方メートル以上、指定都市にあつては1件1万平方メートル以上、市町村にあつては1件5千平方メートル以上のものに係るものに限る。）又は不動産の信託の受益権の買入れ若しくは売払い | 都道府県
70,000千円 |
> |---|---|
> | | 指定都市
40,000千円 |
> | | 市
20,000千円 |
> | | 町村
7,000千円 |

（3）監査委員の定数に関する規定

> **第140条の2** 地方自治法第195条第2項に規定する政令で定める市
> は、人口25万以上の市とする。

（4）監査委員の兼職禁止に関する規定

第140条の3　地方自治法第196条第2項に規定する当該普通地方公共団体の職員で政令で定めるものは、当該普通地方公共団体の常勤の職員（同条第四項に規定する監査委員を除くものとし、地方分権の推進を図るための関係法律の整備等に関する法律（平成11年法律第87号）第1条の規定による改正前の地方自治法附則第8条の規定により官吏とされていた職員及び警察法（昭和29年法律第162号）第56条第1項に規定する地方警務官を含む。）及び地方公務員法第28条の5第1項に規定する短時間勤務の職を占める職員とする。

（5）常勤監査委員に関する規定

第140条の4　地方自治法第196条第5項に規定する政令で定める市は、人口25万以上の市とする。

（6）行政監査に関する規定

第140条の6　地方自治法第199条第2項の規定による監査の実施に当たつては、同条第3項の規定によるほか、同条第2項に規定する事務の執行が法令の定めるところに従つて適正に行われているかどうかについて、適時に監査を行わなければならない。

（7）財政援助団体等監査に関する規定

第140条の7　地方自治法第199条第7項後段に規定する当該普通地方公共団体が出資しているもので政令で定めるものは、当該普通地

　方公共団体が資本金、基本金その他これらに準ずるものの4分の1
　以上を出資している法人とする。

2　当該普通地方公共団体及び1又は2以上の第152条第1項第2号
　に掲げる法人（同条第2項の規定により同号に掲げる法人とみなさ
　れる法人を含む。）が資本金、基本金その他これらに準ずるものの
　4分の1以上を出資している法人は、前項に規定する法人とみなす。

3　地方自治法第199条第7項後段に規定する当該普通地方公共団体
　が受益権を有する信託で政令で定めるものは、当該普通地方公共団
　体が受益権を有する不動産の信託とする。

3　地方公営企業法

（1）指定金融機関等における公金の収納等の監査に関する規定

（公金の収納等の監査）

第27条の2　監査委員は、必要があると認めるとき、又は管理者の
　要求があるときは、前条の規定により指定された金融機関が取り扱
　う地方公営企業の業務に係る公金の収納又は支払の事務について監
　査することができる。

（2）決算審査に関する規定

（決算）

第30条　管理者は、毎事業年度終了後2月以内に当該地方公営企業
　の決算を調製し、証書類、当該年度の事業報告書及び政令で定める
　その他の書類をあわせて当該地方公共団体の長に提出しなければな
　らない。

> ２　地方公共団体の長は、決算及び前項の書類を監査委員の審査に付さなければならない。

（3）職員の賠償責任に関する規定

> **（職員の賠償責任）**
>
> **第34条**　地方自治法第243条の２の規定は、地方公営企業の業務に従事する職員の賠償責任について準用する。この場合において、同条第１項中「規則」とあるのは「規則又は企業管理規程」と、同条第８項中「議会の同意を得て」とあるのは「条例で定める場合には議会の同意を得て」と読み替えるほか、第７条の規定により管理者が置かれている地方公営企業の業務に従事する職員の賠償責任について準用する場合に限り、同法第243条の２第３項中「普通地方公共団体の長」とあるのは「管理者」と、同条第８項中「普通地方公共団体の長」とあるのは「管理者」と、「あらかじめ監査委員の意見を聴き、その意見」とあるのは「管理者があらかじめ監査委員の意見を聴き、普通地方公共団体の長が当該意見」と、同条第６項中「処分に不服がある者は」とあるのは「処分に不服がある者は、当該普通地方公共団体の長に審査請求をすることができ、その裁決に不服がある者は」と、「した処分」とあるのは「した裁決」と、「審査請求をすることができる。この場合においては、異議申立てをすることもできる」とあるのは「再審査請求をすることができる」と、同条第12項中「異議申立て」とあるのは「審査請求」と読み替えるものとする。

4 地方公共団体の財政の健全化に関する法律

（1）健全化判断比率等の用語に関する規定

（定義）

第2条 この法律において、次の各号に掲げる用語の意義は、当該各号に定めるところによる。

(1) **実質赤字比率** 地方公共団体（都道府県、市町村及び特別区に限る。以下この章から第3章までにおいて同じ。）の当該年度の前年度の歳入（一般会計及び特別会計のうち次に掲げるもの以外のもの（以下「一般会計等」という。）に係る歳入で、一般会計等の相互間の重複額を控除した純計によるものをいう。以下この号において同じ。）が歳出（一般会計等に係る歳出で、一般会計等の相互間の重複額を控除した純計によるものをいう。以下この号において同じ。）に不足するため当該年度の歳入を繰り上げてこれに充てた額並びに実質上当該年度の前年度の歳入が歳出に不足するため、当該年度の前年度に支払うべき債務でその支払を当該年度に繰り延べた額及び当該年度の前年度に執行すべき事業に係る歳出に係る予算の額で当該年度に繰り越した額の合算額（以下「実質赤字額」という。）を当該年度の前年度の地方財政法（昭和23年法律第109号）第5条の3第4項第1号に規定する標準的な規模の収入の額として政令で定めるところにより算定した額（以下「標準財政規模の額」という。）で除して得た数値

イ 地方公営企業法（昭和27年法律第292号）第2条の規定により同法の規定の全部又は一部を適用する企業（以下「法適用企業」という。）に係る特別会計

ロ 地方財政法第6条に規定する政令で定める公営企業のうち法適用企業以外のもの（次号において「法非適用企業」という。）

に係る特別会計

ハ　イ及びロに掲げるもののほか、政令で定める特別会計

(2)　**連結実質赤字比率**　地方公共団体の連結実質赤字額（イ及びロに掲げる額の合算額がハ及びニに掲げる額の合算額を超える場合における当該超える額をいう。第4号において同じ。）を当該年度の前年度の標準財政規模の額で除して得た数値

イ　一般会計又は公営企業（法適用企業及び法非適用企業をいう。以下同じ。）に係る特別会計以外の特別会計ごとの当該年度の前年度の決算において、当該年度の前年度の歳入が歳出に不足するため当該年度の歳入を繰り上げてこれに充てた額並びに実質上当該年度の前年度の歳入が歳出に不足するため、当該年度の前年度に支払うべき債務でその支払を当該年度に繰り延べた額及び当該年度の前年度に執行すべき事業に係る歳出に係る予算の額で当該年度に繰り越した額の合算額がある場合にあっては、当該合算額を合計した額

ロ　公営企業に係る特別会計ごとの当該年度の前年度の決算において、政令で定めるところにより算定した資金の不足額がある場合にあっては、当該資金の不足額を合計した額

ハ　一般会計又は公営企業に係る特別会計以外の特別会計ごとの当該年度の前年度の決算において、歳入額（当該年度に繰り越して使用する経費に係る歳出の財源に充てるために繰り越すべき金額を除く。）が歳出額を超える場合にあっては、当該超える額を合計した額

ニ　公営企業に係る特別会計ごとの当該年度の前年度の決算において、政令で定めるところにより算定した資金の剰余額がある場合にあっては、当該資金の剰余額を合計した額

(3) **実質公債費比率** 地方公共団体の地方財政法第５条の３第４項第１号に規定する地方債の元利償還金（以下この号において「地方債の元利償還金」という。）の額と同項第１号に規定する準元利償還金（以下この号において「準元利償還金」という。）の額との合算額から地方債の元利償還金又は準元利償還金の財源に充当することのできる特定の歳入に相当する金額と地方交付税法（昭和25年法律第211号）の定めるところにより地方債の元利償還金及び準元利償還金に係る経費として普通交付税の額の算定に用いる基準財政需要額に算入される額として総務省令で定めるところにより算定した額（特別区にあっては、これに相当する額として総務大臣が定める額とする。以下この号及び次号において「算入公債費等の額」という。）との合算額を控除した額を標準財政規模の額から算入公債費等の額を控除した額で除して得た数値で当該年度前３年度内の各年度に係るものを合算したものの３分の１の数値

(4) **将来負担比率** 地方公共団体のイからチまでに掲げる額の合算額がリからルまでに掲げる額の合算額を超える場合における当該超える額を当該年度の前年度の標準財政規模の額から算入公債費等の額を控除した額で除して得た数値

イ　当該年度の前年度末における一般会計等に係る地方債の現在高

ロ　当該年度の前年度末における地方自治法（昭和22年法律第67号）第214条に規定する債務負担行為（ヘに規定する設立法人以外の者のために債務を負担する行為を除く。）に基づく支出予定額（地方財政法第５条各号に規定する経費その他の政令で定める経費の支出に係るものとして総務省令で定めるところに

より算定した額に限る。）

ハ　当該年度の前年度末までに起こした一般会計等以外の特別会計に係る地方債の元金の償還に充てるため、一般会計等からの繰入れが必要と見込まれる金額の合計額として総務省令で定めるところにより算定した額

ニ　当該年度の前年度末までに当該地方公共団体が加入する地方公共団体の組合が起こした地方債の元金の償還に充てるため、当該地方公共団体による負担又は補助が必要と見込まれる金額の合計額として総務省令で定めるところにより算定した額

ホ　当該年度の前年度の末日における当該地方公共団体の職員（地方自治法第204条第1項の職員をいい、都道府県にあっては市町村立学校職員給与負担法（昭和23年法律第135号）第1条及び第2条に規定する職員を含み、市町村及び特別区にあっては当該職員を除く。）の全員が同日において自己の都合により退職するものと仮定した場合に支給すべき退職手当の額のうち、当該地方公共団体の一般会計等において実質的に負担することが見込まれるものとして総務省令で定めるところにより算定した額

ヘ　当該年度の前年度末における当該地方公共団体が単独で又は他の地方公共団体と共同して設立した法人で政令で定めるもの（以下この号において「設立法人」という。）の負債の額及び当該地方公共団体が設立法人以外の者のために債務を負担している場合における当該債務の額のうち、これらの者の財務内容その他の経営の状況を勘案して当該地方公共団体の一般会計等において実質的に負担することが見込まれるものとして総務省令で定めるところにより算定した額

　　ト　連結実質赤字額

　チ　当該年度の前年度末における当該地方公共団体が加入する地
　　方公共団体の組合の連結実質赤字額に相当する額のうち、当該
　　地方公共団体の一般会計等において実質的に負担することが見
　　込まれるものとして総務省令で定めるところにより算定した額

　リ　イに規定する地方債の償還額又はロからヘまでに掲げる額に
　　充てることができる地方自治法第241条の基金として総務省令
　　で定めるものの当該年度の前年度末における残高の合計額

　ヌ　イに規定する地方債の償還額又はロからニまでに掲げる額に
　　充てることができる特定の歳入の見込額に相当する額として総
　　務省令で定めるところにより算定した額

　ル　地方交付税法の定めるところにより、イに規定する地方債の
　　償還、ロに規定する債務負担行為に基づく支出、ハに規定する
　　一般会計等からの繰入れ又はニに規定する地方公共団体による
　　負担若しくは補助に要する経費として普通交付税の額の算定に
　　用いる基準財政需要額に算入されることが見込まれる額として
　　総務省令で定めるところにより算定した額（特別区にあっては、
　　これに相当する額として総務大臣が定める額とする。）

(5)　**早期健全化基準**　財政の早期健全化（地方公共団体が、財政収
　支が不均衡な状況その他の財政状況が悪化した状況において、自
　主的かつ計画的にその財政の健全化を図ることをいう。以下同
　じ。）を図るべき基準として、実質赤字比率、連結実質赤字比率、
　実質公債費比率及び将来負担比率のそれぞれについて、政令で定
　める数値をいう。

(6)　**財政再生基準**　財政の再生（地方公共団体が、財政収支の著し
　い不均衡その他の財政状況の著しい悪化により自主的な財政の健

全化を図ることが困難な状況において、計画的にその財政の健全化を図ることをいう。以下同じ。）を図るべき基準として、実質赤字比率、連結実質赤字比率及び実質公債費比率のそれぞれについて、早期健全化基準の数値を超えるものとして政令で定める数値をいう。

（2）健全化判断比率審査に関する規定

（健全化判断比率の公表等）

第3条　地方公共団体の長は、毎年度、前年度の決算の提出を受けた後、速やかに、実質赤字比率、連結実質赤字比率、実質公債費比率及び将来負担比率（以下「健全化判断比率」という。）並びにその算定の基礎となる事項を記載した書類を監査委員の審査に付し、その意見を付けて当該健全化判断比率を議会に報告し、かつ、当該健全化判断比率を公表しなければならない。

2　前項の規定による意見の決定は、監査委員の合議によるものとする。

3　地方公共団体の長は、第1項の規定により公表した健全化判断比率を、速やかに、都道府県及び地方自治法第252条の19第1項の指定都市（以下「指定都市」という。）の長にあっては総務大臣に、指定都市を除く市町村（第29条を除き、以下「市町村」という。）及び特別区の長にあっては都道府県知事に報告しなければならない。この場合において、当該報告を受けた都道府県知事は、速やかに、当該健全化判断比率を総務大臣に報告しなければならない。

4　都道府県知事は、毎年度、前項前段の規定による報告を取りまとめ、その概要を公表するものとする。

5　総務大臣は、毎年度、第3項の規定による報告を取りまとめ、その概要を公表するものとする。

6　地方公共団体は、健全化判断比率の算定の基礎となる事項を記載した書類をその事務所に備えて置かなければならない。

7　包括外部監査対象団体（地方自治法第252条の36第1項に規定する包括外部監査対象団体をいう。以下同じ。）においては、包括外部監査人（同法第252条の29に規定する包括外部監査人をいう。以下同じ。）は、同法第252条の37第1項の規定による監査のため必要があると認めるときは、第1項の規定により公表された健全化判断比率及びその算定の基礎となる事項を記載した書類について調査することができる。

（3）国等から勧告を受けた場合の通知受理に関する規定

（国等の勧告等）

第7条　総務大臣又は都道府県知事は、前条第1項前段の規定による報告を受けた財政健全化団体の財政健全化計画の実施状況を踏まえ、当該財政健全化団体の財政の早期健全化が著しく困難であると認められるときは、当該財政健全化団体の長に対し、必要な勧告をすることができる。

2　総務大臣は、前項の勧告をしたときは、速やかに、当該勧告の内容を公表するものとする。

3　都道府県知事は、第1項の勧告をしたときは、速やかに、当該勧告の内容を公表するとともに、総務大臣に報告しなければならない。

4　財政健全化団体の長は、第1項の勧告を受けたときは、速やかに、当該勧告の内容を当該財政健全化団体の議会に報告するとともに、

監査委員（包括外部監査対象団体である財政健全化団体にあっては、監査委員及び包括外部監査人）に通知しなければならない。

（国の勧告等）

第20条　総務大臣は、財政再生団体の財政の運営がその財政再生計画に適合しないと認められる場合その他財政再生団体の財政の再生が困難であると認められる場合においては、当該財政再生団体の長に対し、予算の変更、財政再生計画の変更その他必要な措置を講ずることを勧告することができる。

2　財政再生団体の長は、前項の規定による勧告を受けたときは、速やかに、当該勧告の内容を当該財政再生団体の議会に報告するとともに、監査委員（包括外部監査対象団体である財政再生団体にあっては、監査委員及び包括外部監査人）に通知しなければならない。

3　第1項の規定による勧告を受けた財政再生団体の長は、当該勧告に基づいて講じた措置について、総務大臣に報告しなければならない。

4　総務大臣は、前項の規定による報告を受けたときは、速やかに、当該報告の内容を公表するものとする。

（4）資金不足比率審査に関する規定

（資金不足比率の公表等）

第22条　公営企業を経営する地方公共団体の長は、毎年度、当該公営企業の前年度の決算の提出を受けた後、速やかに、資金不足比率及びその算定の基礎となる事項を記載した書類を監査委員の審査に付し、その意見を付して当該資金不足比率を議会に報告し、かつ、当該資金不足比率を公表しなければならない。

2　前項に規定する「資金不足比率」とは、公営企業ごとに、政令で定めるところにより算定した当該年度の前年度の資金の不足額を政令で定めるところにより算定した当該年度の前年度の事業の規模で除して得た数値をいう。

3　第3条第2項から第7項までの規定は、資金不足比率について準用する。

（5）長による個別外部監査の要求の義務付けに関する規定

（地方自治法の監査の特例）

第26条　財政健全化計画、財政再生計画又は経営健全化計画を定めなければならない地方公共団体の長は、これらの計画を定めるに当たっては、あらかじめ、当該地方公共団体の財政の健全化のために改善が必要と認められる事務の執行について、監査委員に対し、地方自治法第199条第6項の監査の要求をしなければならない。この場合においては、同法第252条の41第1項中「第199条第6項」とあるのは「地方公共団体の財政の健全化に関する法律（平成19年法律第94号）第26条第1項の規定に基づく第199条第6項」と、「監査委員の監査に代えて契約に基づく監査によることができることを条例により定める普通地方公共団体」とあるのは「同法の規定により財政健全化計画、財政再生計画又は経営健全化計画を定めなければならない地方公共団体」と、「同項の要求をする場合において、特に必要があると認めるときは、その理由を付して、併せて」とあるのは「同項の要求と併せて、理由を付して」と、「求めることができる」とあるのは「求めなければならない」と読み替えて、同法第2編第13章の規定を適用する。

（読替）財政健全化計画等を定めなければならない地方公共団体の長は、計画を定めるに当たっては、あらかじめ、当該団体の財政健全化のために改善が必要と認められる事務の執行について、監査委員に対し、地方自治法第199条第6項の監査の要求をし、併せて理由を付して監査委員の監査に代えて個別外部監査契約に基づく監査によることを求めなければならない。

（6）財政健全化団体等における包括外部監査人の留意事項に関する規定

> 第26条　略
>
> 2　財政健全化団体、財政再生団体又は経営健全化団体（以下この項において「財政健全化団体等」という。）が包括外部監査対象団体である場合にあっては、当該財政健全化団体等の包括外部監査人は、地方自治法第252条の37第1項の規定による監査をするに当たっては、同条第2項の規定によるほか、当該財政健全化団体等の財務に関する事務の執行及び当該財政健全化団体等の経営に係る事業の管理が財政の早期健全化、財政の再生又は公営企業の経営の健全化を図る観点から適切であるかどうかに、特に、意を用いなければならない。

Ⅱ 参考となる図書

　私は監査委員事務局に配属されたときに、監査に関する知識を習得するために百冊を超える本を読みました。その中には、既に絶版となっていた本、民間の監査に関する本なども含まれていました。でも、そのときに感じたのは、自治体の監査に関する本の少なさでした。

　監査で求められる知識は多岐にわたるため、一定のレベルまで監査の質を上げることは容易ではありませんが、少しずつでも、知識を増やしていく努力が必要です。

　ここでは、その中から地方自治体の監査委員または監査委員事務局の職員が、監査の仕事を行う上で参考となる書籍を紹介させていただきます。

1 自治体の監査制度について解説した本

> ① 『〈図解〉よくわかる自治体監査のしくみ』（沖倉 強／監修　新自治体監査制度研究会／編著・学陽書房）
> ② 『監査委員監査の基礎知識』（原典雄／著・ぎょうせい）
> ③ 『〈全訂〉監査委員監査実務マニュアル』（原典雄／著・ぎょうせい）

　①『〈図解〉よくわかる自治体監査のしくみ』は、自治体の監査制度全般について、イラストや図を用いて分かりやすく解説しています。初めて監査業務に携わる人が自治体の監査の仕組みを知りたいと思うときに参考になると思います（ただし、出版から時間が経過し、地方自治法の改正が反映されていない部分が一部あるため、注意する必要があります。）。

②『〈全訂〉監査委員監査の基礎知識』と③『監査委員監査実務マニュアル』は、監査委員による監査制度について、必要な基本的事項を実務者の視点から分かりやすく、また少し専門的な視点も含めながら解説しています。

　この2つの本は、互いを補完し合うような姉妹編のような関係であり、監査委員監査の制度そのものの課題等を掲げるなど、「自治体の監査とはどうあるべきか」を考えさせてくれます。

2　公営企業会計に係る監査等を行う際に役立つ本

> ①『誰も教えてくれなかった　公営企業監査のツボ』（亀浦大輔／著・ぎょうせい）
>
> ②『地方公営企業経営論』（石原俊彦、菊池明敏／著・関西学院大学出版会）
>
> ③『やさしい公営企業会計』（地方公営企業制度研究会／編・ぎょうせい）
>
> ④『公営企業の経理の手引』（地方公営企業制度研究会／編・地方財務協会）
>
> ⑤『改正政省令完全対応　新地方公営企業会計の実務』（トーマツパブリックセクターインダストリーグループ／編・ぎょうせい）

　①『誰も教えてくれなかった　公営企業監査のツボ』の著者は、元神奈川県横須賀市の任期付き職員（公認会計士）として採用され、公営企業会計の監査に従事された経験をお持ちの方です。自治体職員ではあまり気がつかない、またはほとんど知らないようなプロの会計知識で、公営企業会計の監査に切り込んでいく視点はとても参考になります。

　②『地方公営企業経営論』の著者である菊池氏は、岩手県北上市の

職員として公営企業に長く従事され、企業会計に関する知識は日本の中でもトップクラスの方です。分かりづらい企業会計の仕組みを自治体職員の目線で、とても丁寧に解説されていて、企業会計を初めて学ぶ人にもお薦めの１冊です。

　③『やさしい公営企業会計』と④『公営企業の経理の手引』の本は、水道や病院など公営企業会計の部署に配属された方が企業会計の実務を行う上でバイブルとして活用する本です。

　⑤『改正政省令完全対応　新地方公営企業会計の実務』は、地方公営企業法の改正により、大きく変更した企業会計基準の仕組みを丁寧に解説したものであり、実務を行う上でとても大切なことが書かれています。

3　財政健全化法の健全化判断比率の審査を行う際に役立つ本

> ①『誰にでも分かる　自治体財政指標の読み方』（今井太志／著・ぎょうせい）
>
> ②『スラスラわかる！自治体財政健全化法のしくみ』（月刊「地方財務」編集局／編・ぎょうせい）
>
> ③『自治体財政健全化法の監査』（森田祐司／監修　トーマツパブリックセクターグループ／編著・学陽書房）
>
> ④『自治体財政健全化法　制度と財政再建のポイント』（小西砂千夫／著・学陽書房）

　財政健全化法が公布された頃は、ちょうど北海道夕張市が財政破綻し、マスコミでも大きく取り上げられた時期であり、自治体の財政状況に対する市民の関心は高く、監査のチェック機能に対する目も厳しいものでした。実際に、自分のまちの財政状況が大丈夫であるかどうかが分かるようになるには、相応の財政に関する知識も求められます。

①『誰にでも分かる　自治体財政指標の読み方』は、そのような財政状況を見る場合のポイントを分かりやすく解説した本です。財政課の経験がない人、財政のことはあまり詳しくないという人にはとても参考になります。

②『スラスラわかる！自治体財政健全化法のしくみ』は、財政健全化法について、基本的なしくみをコンパクトにまとめたものであり、法律の概略をつかむにはこの1冊で十分です。

さらに詳細な部分を知りたい人には、③『自治体財政健全化法の監査』や④『自治体財政健全化法　制度と財政再建のポイント』は、より実務的な内容となっており、理解が深まります。

4　住民監査請求の手続を進めていくときに役立つ本

『自治体職員のためのQ&A　住民監査請求ハンドブック』（奥田泰章／著・ぎょうせい）

自治体の中には、毎年必ず住民監査請求のある自治体もあれば、数十年に1度しかないという自治体もあります。住民監査請求の多い自治体であれば、ノウハウも蓄積され、事務の進め方で悩むこともないかもしれません。しかし、住民監査請求が稀にしかないような自治体では、どのように処理をすればよいか戸惑ってしまう事務局職員も多いのではないかと思います。

そのようなときに、住民監査請求の手続に関することを解説した本が1冊でも手元にあると、具体的にどのように手続を進めていけばよいかが分かり、請求者への対応も安心してできるものです。住民監査請求に特化した本はあまりないので、貴重な1冊です。

5 監査を実施している際に疑義が生じたときに役立つ本

〈財政関係〉

① 『地方財務実務提要』（地方自治制度研究会／編・ぎょうせい）

② 『地方公共団体　歳入歳出科目解説』（月刊「地方財務」編集局／
　　編・ぎょうせい）

③ 『地方財政小辞典』（石原信雄、嶋津昭／監修　地方財務研究会／
　　編・ぎょうせい）

〈法令関係〉

④ 『法令用語辞典』（角田禮次郎ほか／共編・学陽書房）

〈契約関係〉

⑤ 『詳説　自治体契約の実務』（江原勲／著・ぎょうせい）

⑥ 『詳解　地方公共団体の契約』（自治体契約研究会／編・ぎょうせい）

　例えば、監査で書類等をチェックしていると、予算の執行内容、手続方法等が適切であるのか判断しにくいことがあります。

　①『地方財務実務提要』は、全3巻から成る加除式図書で、財務関係全般について具体的な実例を取り上げており、その内容の充実ぶりは他の追随を許さないと言ってもよいかもしれません。判断に迷ったときは、まず初めにこの加除式図書を見るようにしましょう。

　②『地方公共団体　歳入歳出科目解説』は、歳入歳出科目について、理論と具体的な実例が掲載された本であり、たとえ直接の答えが見つからなかったとしても、類推で予想することもできる1冊であると思います。

　③『地方財政小辞典』は、基本的な財政用語の意味を知りたいときにとても役立ちます。特に、財政課の経験がないと、財政の専門用語が出てきても何を意味しているのかがよく分かりません。

　また、監査を実施していると、財政関係以外にも文言の正しい意味

や解釈を知りたいようなときもあります。そのようなとき、④『法令用語辞典』は実にコンパクトにまとめられており、紛らわしい法令用語の意味を正しく知ることができます。

その他にも、法令等に関しては次のようなサイトが参考となります。

・法令検索サイト

電子政府の総合窓口e-Gov（イーガブ）

http://law.e-gov.go.jp/index.html

・自治体例規検索サイト

「自治体Web例規集へのリンク集」（洋々亭の法務ページ）

http://www.hi-ho.ne.jp/tomita/reikidb/reikilink.htm

・判例検索サイト

「裁判例情報」

http://www.courts.go.jp/app/hanrei_jp/search1

また、監査では契約に関する知識も求められてきます。

⑤『詳説　自治体契約の実務』や⑥『詳解　地方公共団体の契約』は、自治体の契約について押さえておくべきポイントをまとめた本で、契約に関する基本から実務まで分かりやすく解説しています。その他にも、契約については、各自治体が独自で要領や指針などを策定している場合があるので、しっかり確認しておきましょう。

6　監査の基本や本質について学びたい人にお薦めの本

---

① 『監査論テキスト』（山浦久司／著・中央経済社）

② 『監査論の基礎』（石田三郎、林隆敏、岸牧人／編著・東京経済情報出版）

③ 『監査コミュニケーション技法"疑う流儀"―監査心理学による監査

> を通じた幸せづくり』（戸村智憲／著・税務経理協会）

　①『監査論テキスト』と②『監査論の基礎』は、自治体の監査に関しての本ではありませんが、監査論の基本を知らないということは、形だけの監査になってしまっている可能性もあります。しっかり監査の本質を理解しておくことは大切です。

　③『監査コミュニケーション技法"疑う流儀"—監査心理学による監査を通じた幸せづくり』の著者である戸村氏は、国連の内部監査業務専門官の経験をお持ちであり、私はこの著者の本を通して、監査を行う上での心構えを多く学びました。

　民間の監査に関する本の中にも自治体監査の参考となるものはたくさんあります。民間の監査だから関係ないではなく、その根底に潜む監査の考え方は共通であることを理解し、見識を深めておくことも、監査のスキル向上にはとても大切です。

7　自己研鑽にお薦めの雑誌

> 月刊『地方財務』（ぎょうせい）

　監査で求められる知識が多岐にわたることは、本書で十分説明しましたが、一朝一夕で身につけることは難しいものです。普段から日本経済新聞などの経済新聞も読んで、社会情勢や経済情勢に関する情報収集に努めておくことは大切です。

　そのような中、自治体職員をサポートする総合実務誌として名高い月刊『地方財務』は、財政実務だけでなく、時宜をとらえたテーマも数多く掲載され、職員の資質向上には欠かせない専門誌です。

＜参考文献＞

・沖倉強（監修）、新自治体監査制度研究会（編）『〈図解〉よくわかる自治体監査のしくみ』（学陽書房）

・原典雄『監査委員監査の基礎知識』（ぎょうせい）

・原典雄『全訂　監査委員監査実務マニュアル』（ぎょうせい）

・地方公営企業制度研究会『やさしい公営企業会計』（ぎょうせい）

・奥田泰章『自治体職員のためのQ&A　住民監査請求ハンドブック』（ぎょうせい）

・森田祐司（監修）・トーマツパブリックセクターグループ（編）『自治体財政健全化法の監査』（学陽書房）

・山浦久司『監査論テキスト』（中央経済社）

・石田三郎、林隆敏、岸牧人『監査論の基礎』（東京経済情報出版）

・戸村智憲『監査コミュニケーション技法"疑う流儀"―監査心理学による監査を通じた幸せづくり』（税務経理協会）

・島田裕次（編著）、清水京子・村田一（著）『内部監査人の実務テキスト基礎知識編』（日科技連出版社）

・五井孝『リスク視点からの「実効性のある」内部監査の進め方』（同文館出版）

・吉野貴雄「監査的アプローチによる自治体のマネジメント機能の強化―監査のコンサルティング機能の充実」『地方財務2012年10月号』（ぎょうせい）

・吉野貴雄「ケーススタディでみるＶＦＭの分析（上）―行政評価と連動した監査の実践」『地方財務2013年6月号』（ぎょうせい）

・吉野貴雄「ケーススタディでみるＶＦＭの分析（下）―行政評価と連動した監査の実践」『地方財務2013年7月号』（ぎょうせい）

・吉野貴雄「行政経営のフィールドから新たな潮流をよむ」『地方財務2014年1月号』（ぎょうせい）

・吉野貴雄「地方自治体の政策力向上への貢献―監査からのアプローチ」『地方財務2014年12月号』（ぎょうせい）

著者紹介

吉野　貴雄（よしの・たかお）

　静岡県富士市総務部行政経営課統括主幹
　1971年生まれ。静岡大学大学院修了（教育学修士）。1996年富士市役所入庁。総務課（法務）、行政経営課、監査委員事務局などを経て、2016年4月から再び現所属。富士市の行財政改革、監査等に長年従事する。
　月刊「地方財務」などで行政経営や監査に関する論文を多数執筆。監査に関しては、監査結果を行政の政策づくりに活かすことや、監査人のコンサルティング能力の必要性を解説する。また、監査委員事務局に所属していた頃は、行政評価と連動した行政監査の創設や、リスクの視点からの監査方法の導入に関わる。
　特定非営利活動法人「自治体改善マネジメント研究会」理事。国際公会計学会会員。

（2017年11月現在）

自治体の仕事シリーズ　監査委員事務局のシゴト

平成29年12月25日　第1刷発行
令和7年1月27日　第5刷発行

　　著　　者　　吉野　貴雄

　　発　　行　　株式会社ぎょうせい

　　　　　　　　〒136-8575　東京都江東区新木場1-18-11
　　　　　　　　URL：https://gyosei.jp

　　　　　　　　フリーコール　0120-953-431

　　　　　　　ぎょうせい　お問い合わせ　検索　https://gyosei.jp/inquiry/

〈検印省略〉

印刷　ぎょうせいデジタル株式会社　　　　　　　　©2017 Printed in Japan
＊乱丁・落丁本は、お取り替えいたします。
＊禁無断転載・複製

ISBN978-4-324-10418-7
(5108382-00-000)
〔略号：監査シゴト〕